中国珍贵典籍史话丛书

春秋左传史话

国家珍贵古籍名录·春秋左传

赵伯雄 ◆ 著

国家圖書館出版社

图书在版编目（CIP）数据

春秋左传史话 / 赵伯雄著 .-- 北京：国家图书馆出版社，
2016.11
　（中国珍贵典籍史话丛书）
　ISBN 978-7-5013-5880-9

　Ⅰ .①春…　Ⅱ .①赵…　Ⅲ .①中国历史—春秋时代—
编年体　②《左传》—研究　Ⅳ .① K225.04

　中国版本图书馆 CIP 数据核字（2016）第 144772 号

书　　名	春秋左传史话
著　　者	赵伯雄　著
责任编辑	张珂卿　方自金
出　　版	国家图书馆出版社（100034　北京市西城区文津街 7 号） （原书目文献出版社　北京图书馆出版社）
发　　行	010-66114536　66126153　66151313　66175620 66121706（传真）　66126156（门市部）
E-mail	nlcpress@nlc.cn（邮购）
Website	www.nlcpress.com →投稿中心
经　　销	新华书店
印　　装	北京联兴盛业印刷股份有限公司
版　　次	2016 年 11 月第 1 版　2016 年 11 月第 1 次印刷
开　　本	710×1000（毫米）　1/16
印　　张	10.5
字　　数	120 千字
印　　数	1—3000 册
书　　号	ISBN 978-7-5013-5880-9
定　　价	45.00 元

《中国珍贵典籍史话丛书》顾问

（按姓氏笔画排序）：

王　尧　　王　素　　王余光　　史金波

白化文　　朱凤瀚　　许逸民　　吴　格

张忱石　　张涌泉　　李孝聪　　李致忠

杨成凯　　陈正宏　　施安昌　　徐　蜀

郭又陵　　傅熹年　　程毅中

春秋左傳正義卷第一

國子祭酒上護軍曲阜縣開國子臣孔穎達等奉

勅撰

春秋左氏傳序 疏

正義曰此序題目文多不同或
云春秋序或云左氏傳序或云
春秋經傳集解序或云春秋左氏傳序案晉宋古本及今
定本並云春秋左氏傳序今依用之南人多云此本釋例
序後人移之於此具有題目春秋釋例序置之釋例之端
今所不用晉大尉劉寔與杜同時人也宋大學博士賀道
養去杜亦近俱爲此序作注稱分年相附隨而解之名曰經傳
序也又晉宋古本在集解之端徐邈以晉世定五經音
訓爲此序作音且此序稱分年相附隨而解之名曰經傳
集解是言爲集解作序也又別集諸例從而釋之名曰釋

图一　宋刻宋元递修本《春秋左传正义》　国家图书馆藏

图二　孔子画像

孔子创立了儒家学派,《春秋左传》历来被人们看做是儒家的经典。

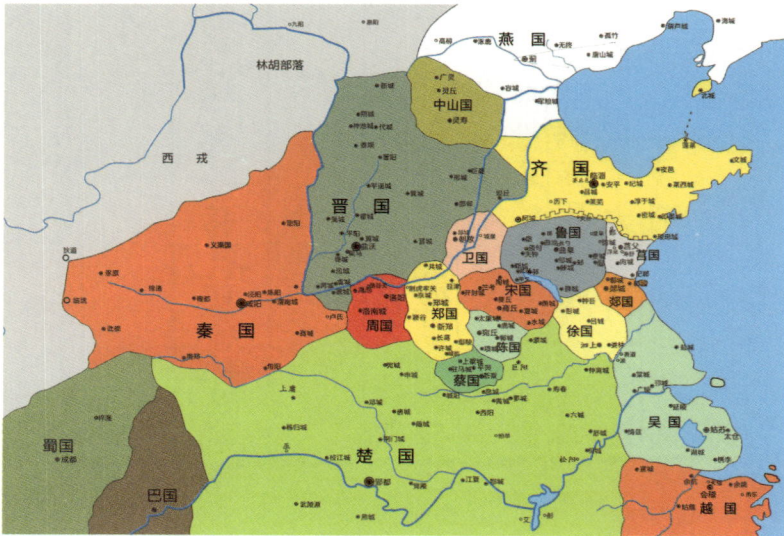

图三　春秋列国形势图

　　春秋时期,曾先后存在过大大小小一百多个国家,齐、晋、秦、楚等是最有影响力的大国,鲁、郑、宋、卫等算是中等国家,陈、蔡、邾、莒等等则是当时的小国。从此图中可以约略看出当时的天下大势。

图四　左丘明墓

按照传统的说法,《左传》是左丘明作的。今山东省肥城有左丘明墓(相传)。

图五　山东淄博的管仲纪念馆

春秋时期大国争霸，齐桓公是第一位霸主。管仲是桓公的大臣，齐国的强大，与管仲的治国是分不开的。

图六　独辀（辕）马车复原品

　　春秋时期的马车都是独辕的。据《左传》隐公十一年记载，公孙阏与颍考叔都是郑国的大夫，在一次战前的准备工作中，二人为了争夺一辆战车起了争执，"颍考叔挟辀以走"。

图七　春秋车战方阵

　　春秋时期的战争，以车战为主。这是今人构拟的车战方阵。

图八　内蒙古出土的晋公子重耳剑

　　重耳是晋文公的名字，他是继齐桓公之后的第二位霸主。据新华网内蒙古频道报道，30 年前在内蒙古和林格尔县出土了一把春秋时期的青铜剑，剑上有"耳铸公剑"四字铭文。经学者研究推测，此剑铭文中的"耳"很可能就是晋公子重耳，这是他在避难居狄时所铸之剑。

图九　华不注山

　　齐国的华不注山，在今济南东北。《左传》成公二年描写晋、齐鞌之战，六月癸酉那一天，打了一场恶仗，齐军大败，晋军追赶，"三周华不注"，就是说围着华不注转了三圈。

图十　郑庄公掘地见母图

《左传》中的故事，在中国的民间流传甚广，这是今人根据《左传》中郑庄公的故事绘制的连环画。

图十一　京剧《伐子都》剧照

京剧《伐子都》是根据《左传》的故事改编而成的。郑国的将领颍考叔和公孙阏（即子都）因为争夺战车而有了嫌隙，在一次战斗中，颍考叔挥动军旗率先登上了敌方的城墙，子都则在暗中施放冷箭，将颍考叔射死。战后的庆功会上，子都因心理压力过大，精神错乱，疯癫自残而死。这幅剧照即饰演子都的演员在表演从高高的龙书案上翻下，这是个高难度动作。

图十二　位于河北衡水市的董仲舒像

董仲舒是西汉的大儒，他以宣讲、发挥《春秋》公羊学闻名于世。

图十三　杜预画像

杜预是晋朝人，他撰写的《春秋经传集解》，是我们今天能够看到的最古而且最完整的《左传》注本。

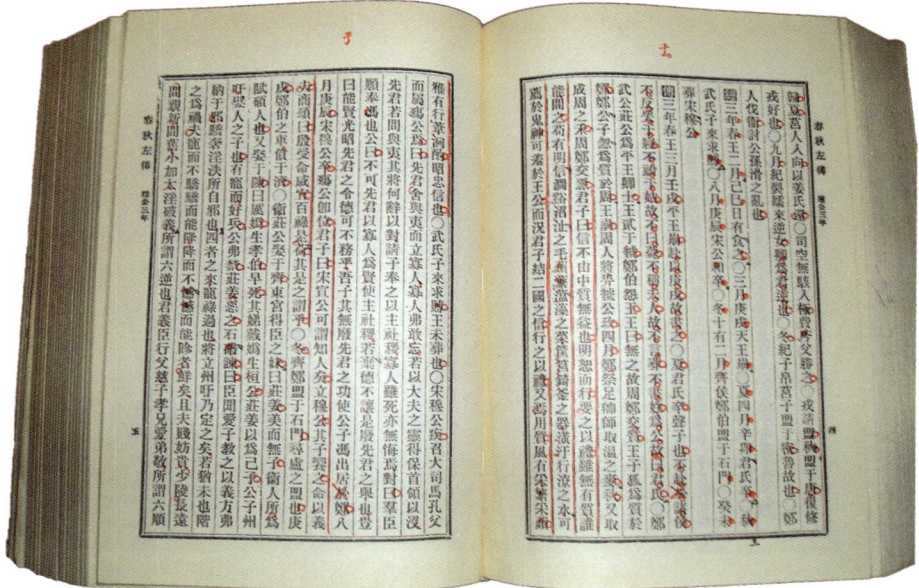

图十四　黄侃手批白文《春秋左传》

　　白文是指不附带注疏的。图中第四、五、六行就是《春秋》经文，第七行以后，则是《左传》的传文。

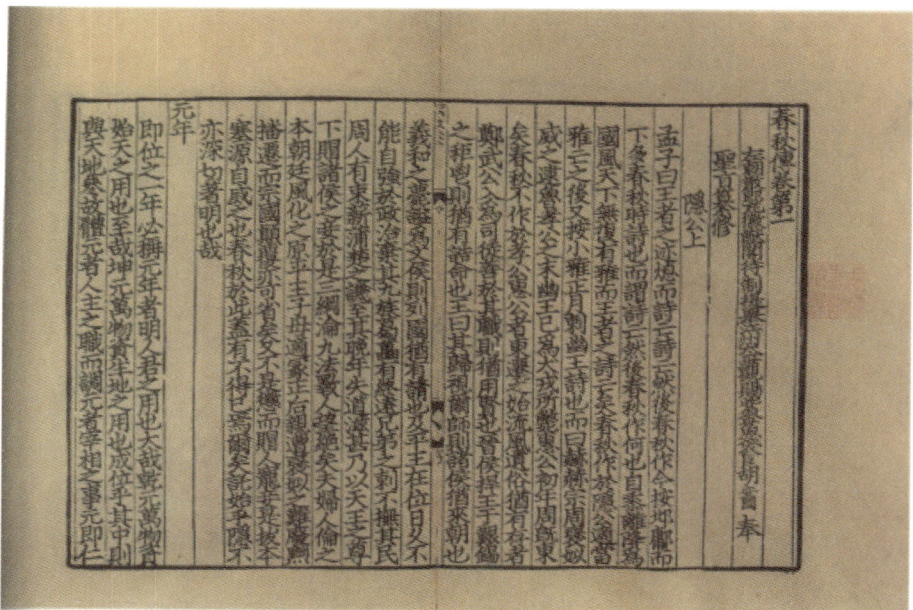

图十五　宋刻本胡安国的《春秋传》　上海图书馆藏

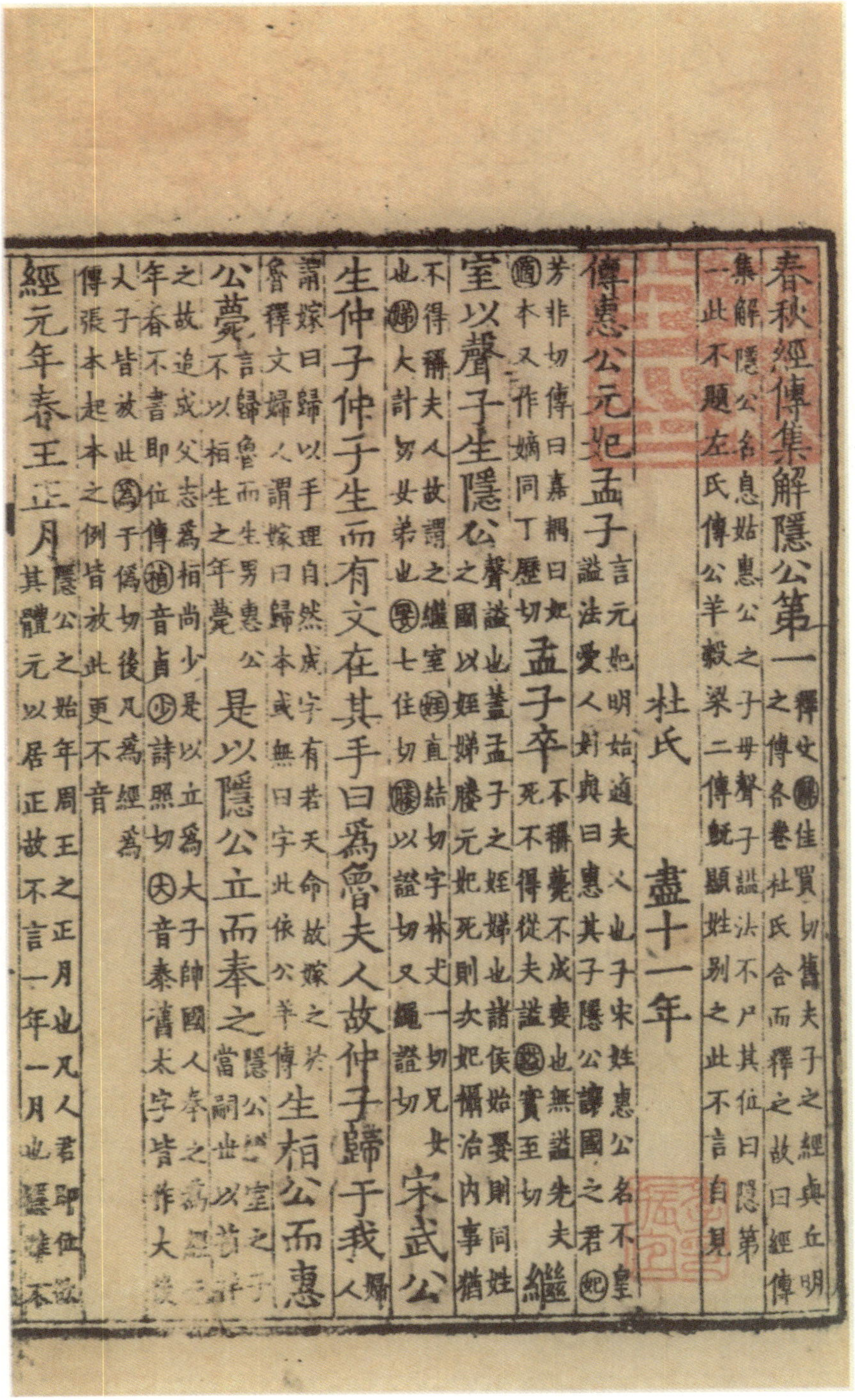

春秋經傳集解隱公第一

釋史圖佳買切舊夫子之經與丘明之傳本非一書故此集而解之名曰經傳集解

杜氏　盡十一年

惠公元妃孟子　孟子卒　繼室以聲子生隱公

宋武公生仲子

生仲子仲子生而有文在其手曰為魯夫人故仲子歸于我

生桓公而惠公薨　是以隱公立而奉之

經元年春王正月

圖十六　南宋刻本《春秋經傳集解》　上海圖書館藏

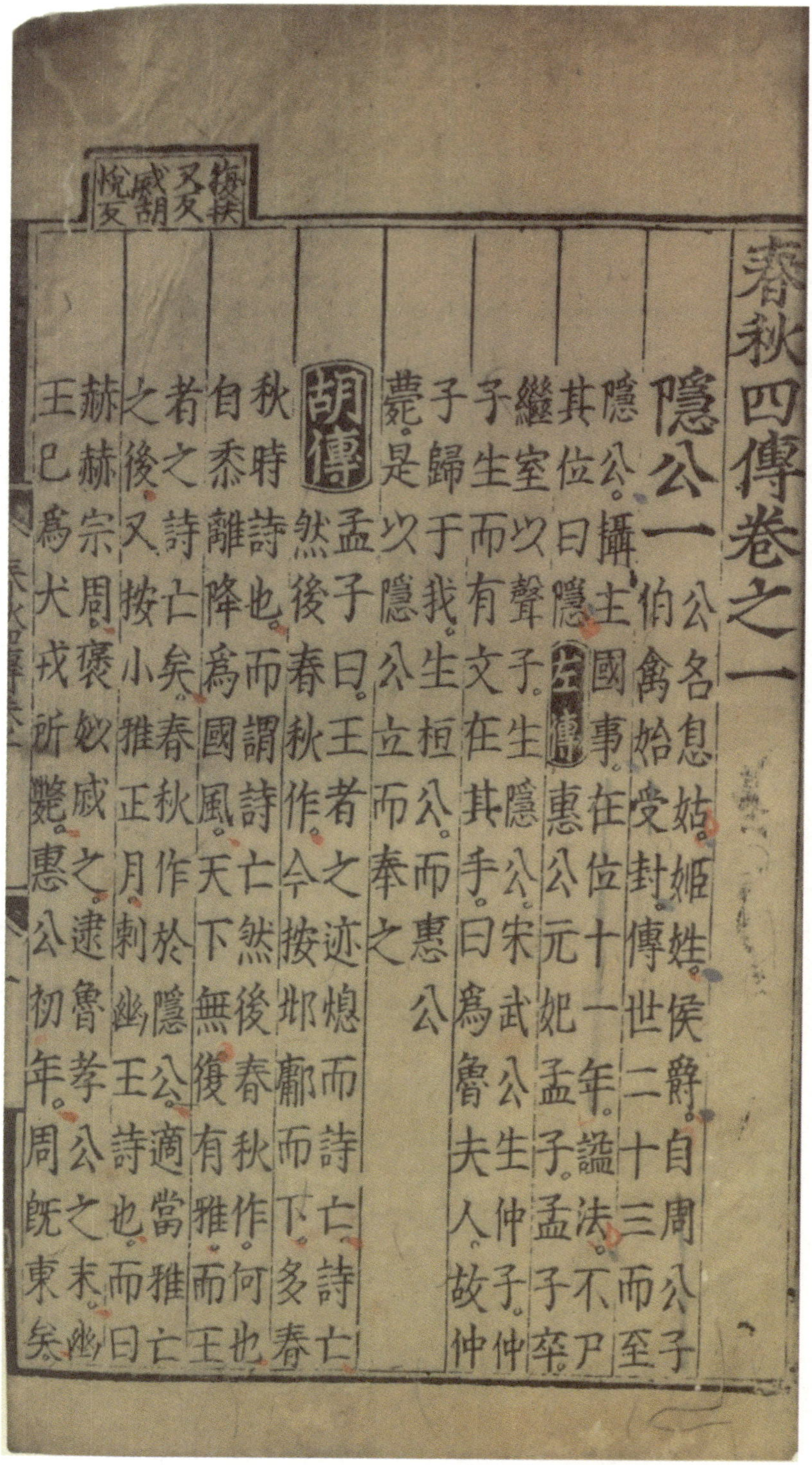

隱公一

公名息姑姬姓侯爵自周公之子伯禽始受封傳世二十三而至

隱公攝主國事 【左傳】

其位曰隱

繼室而有文子生隱公在其手曰爲魯夫人故仲

子生而有聲子在惠公元妃孟子子仲

子歸以我生桓公立而奉之惠公

髢是然後春秋作者之今按述邾而

【胡傳】

秋時詩也而謂詩風詩天下無復有春秋作何也春

自黍離降爲國風雅正月作於幽雅而何也

者之又按小雅正月剌幽王公適當雅而日亡

之後又按宗周褒姒滅之惠公逮魯孝公之末幽

赫赫宗周褒姒滅之惠公逮魯孝公之末幽

王巳爲犬戎所滅惠公初年周公既東矣幽

悅友臧胡又悔疾挟

图十七　明刻本《春秋四传》　重庆市北碚图书馆藏

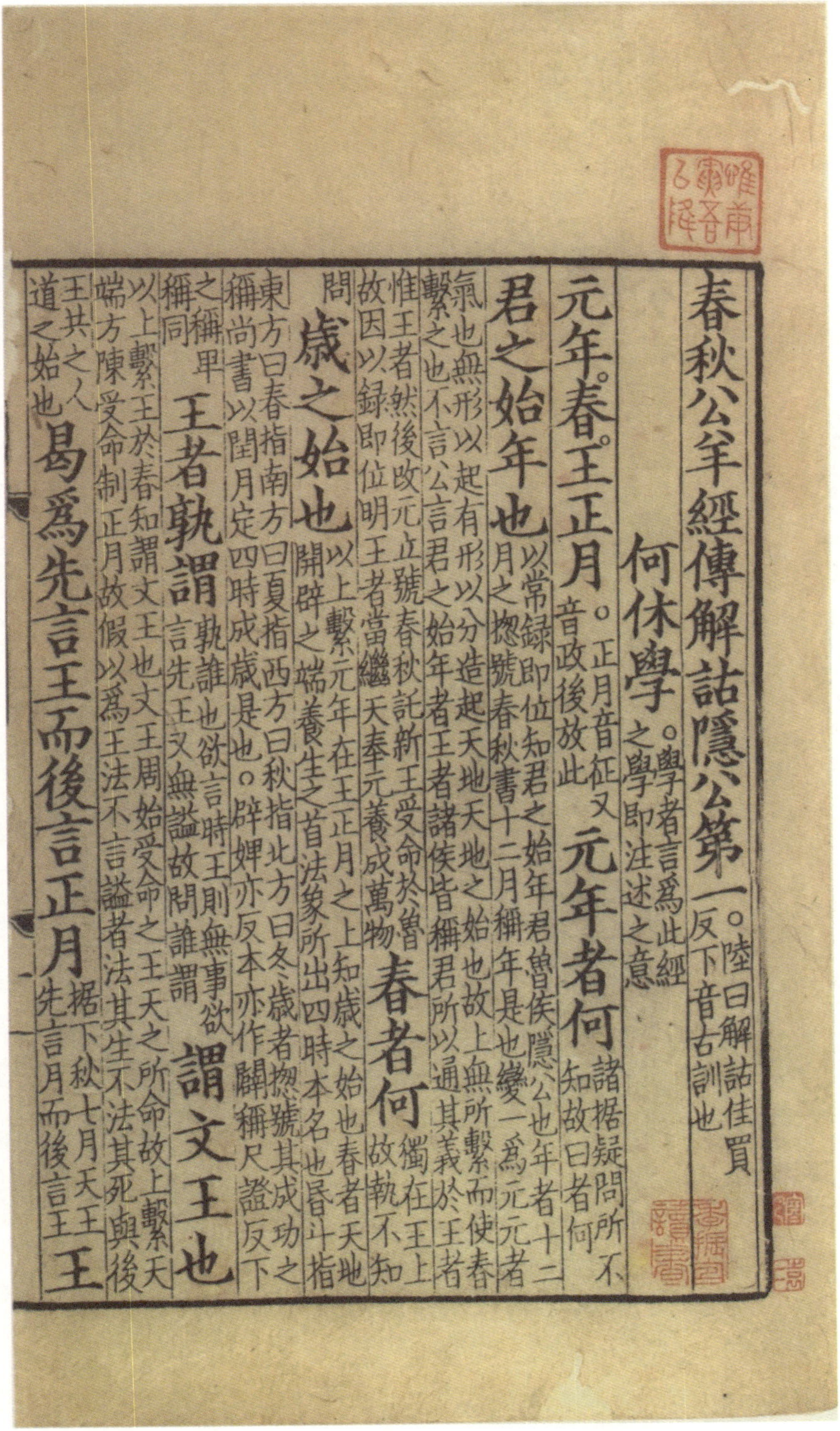

春秋公羊經傳解詁隱公第一 ○陸曰解詁佳買反下音古訓也

何休學 ○學者言爲此經之學即注述之意

元年春王正月 ○正月音征又音政後放此 元年者何 諸據疑問所不知故曰者何

君之始年也 以常錄即位知君之始年君魯侯隱公也年者十二月之揔號春秋書十二月稱年是也變一爲元元者
氣也無形以起有形以分造起天地天地之始也故上無所繫而使春
繫之也不言公言君之始年者王者諸侯皆稱君所以通其義於王者
惟王者然後改元立號春秋託新王受命於魯故因以錄即位明王者當繼天奉元養成萬物 春者何 獨在王上故執不知
問 歲之始也 以上繫元年在王正月之上知歲之始也春者天地
開辟之端養生之首法象所出四時本名也昬斗指
東方曰春指南方曰夏指西方曰秋指北方曰冬歲者揔號其成功之
稱尚書以閏月定四時成歲是也○辟婢亦反本亦作闢稱尺證反下
之稱甲稱同 王者孰謂 孰誰也欲言時王則無事欲言先王又無謚故問誰謂 謂文王也
以上繫王於春知謂文王也文王周始受命之王天之所命故上繫天
端方陳受命制正月故假以爲王法不言謚者法其生不法其死與後
王共之人道之始也 曷爲先言王而後言正月 据下秋七月天王先言月而後言王 王

图十八　宋刻本《春秋公羊传解诂》　国家图书馆藏

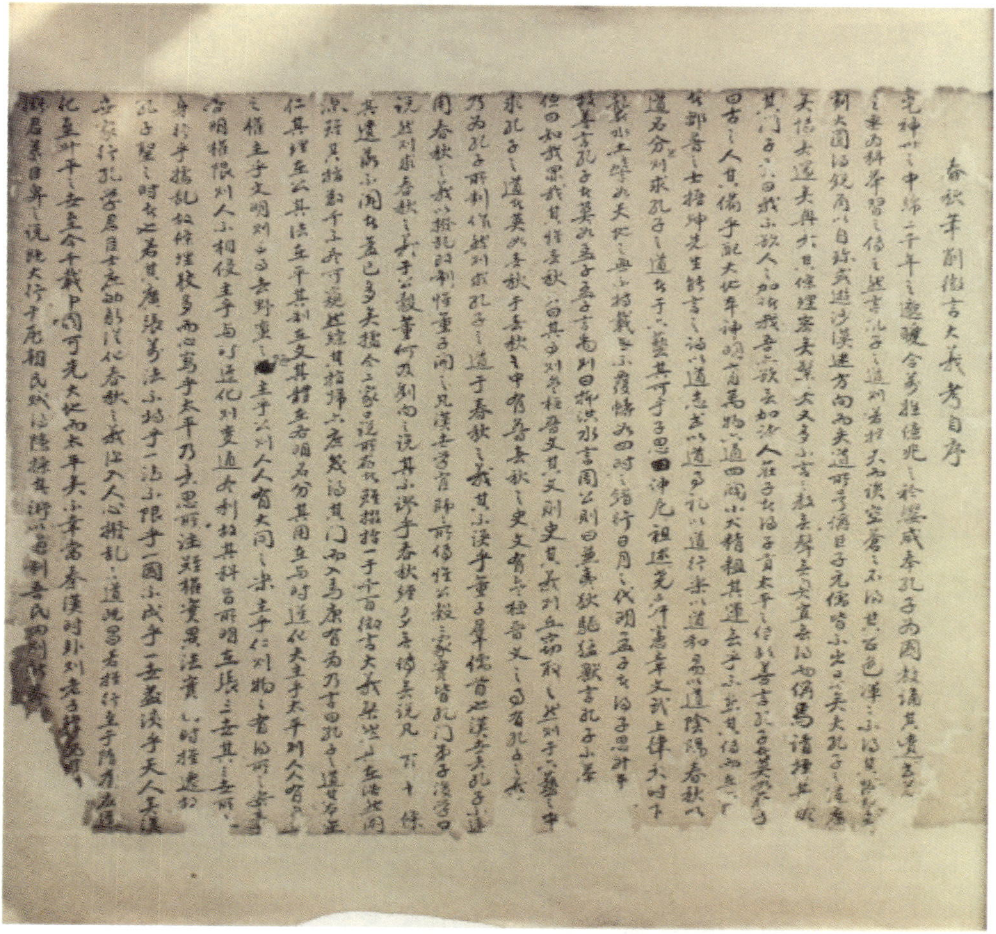

图十九　康有为《春秋》学著作稿本　广东省立中山图书馆藏

图二十　　熹平石经残石

　　东汉熹平年间，为统一经典文本，将几部重要的经典书写刻石，立于太学，这就是有名的"熹平石经"。可惜的是，熹平石经早已损毁，今日只能看到几块残石了。

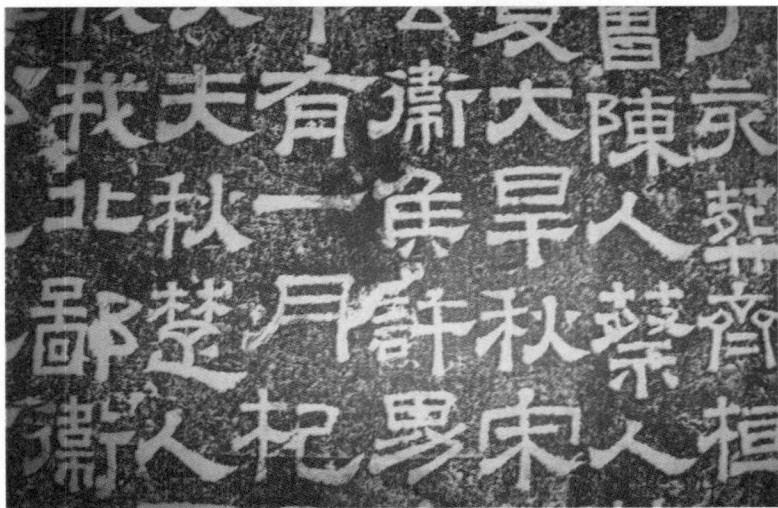

图二十一　　熹平石经拓本

图二十二 魏"正始石经"初拓本残片

曹魏时期，又有一次刻石经之举（只刻了《尚书》和《春秋》）。这次刻经有一个特点，就是经文的每一个字都用三种字体来刻，即汉隶、小篆和古文，故人们也称之为"三体石经"。

图二十三 西安碑林中的唐石经

唐代的"开成石经"，至今还完整地保存在西安的碑林里，它堪称是"世界上最重的书"。

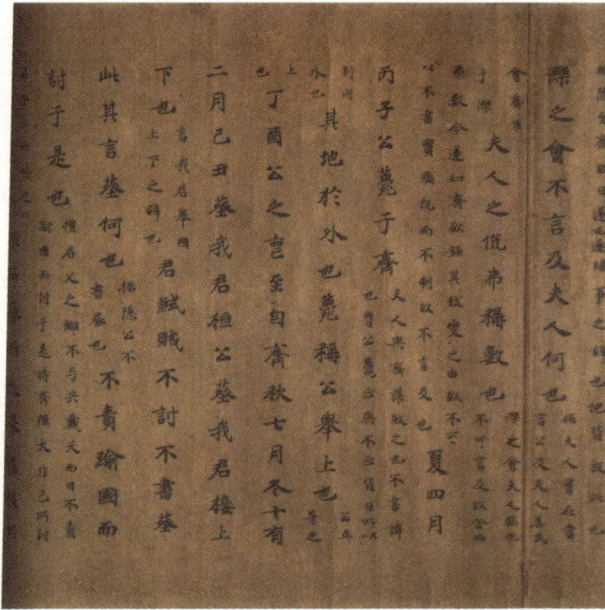

图二十四甲　卷轴本《春秋谷梁传》残页　国家图书馆藏

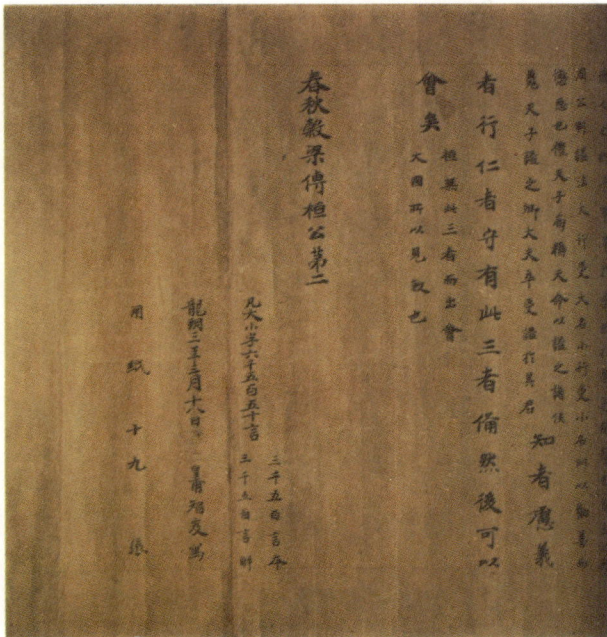

图二十四乙　卷轴本《春秋谷梁传》残页　国家图书馆藏

　　在刻板印刷出现以前，书都是手抄的。这是敦煌文献中保存的手抄本《春秋谷梁传》残页。

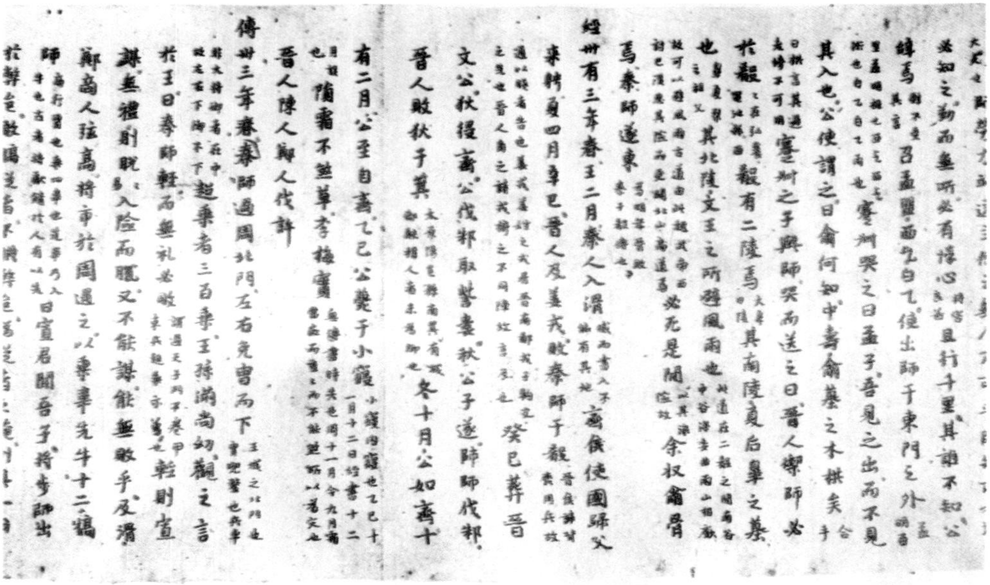

图二十五　法藏敦煌卷子本《春秋经传集解》残页

敦煌文献中《春秋》类的古书大约有几十种，其中最多的是杜预的《春秋经传集解》，可见那时杜预的《左传》注的确很流行。

《中国珍贵典籍史话丛书》序

　　书籍是记载人类文明发展历程的重要载体，是传播知识和保存文化的重要途径，它蕴藏着丰富的历史文化内涵，是人们汲取精神营养和历史经验的重要来源，在民族兴衰和文化精神的传承维系中，发挥着不可替代的作用。

　　《尚书·多士》云："惟殷先人，有册有典。"在中华民族数千年的岁月里，人们创造出浩如烟海的典籍文献。这些典籍是中华文明的结晶，是民族生存的基石和前进的阶梯。作为人类发展史上最有价值的文化遗产之一，中国古代典籍是构成世界上唯一绵延数千年未曾中断的独特文化体系的主要成分。

　　然而，在漫长又剧烈变动的历史中，经过无数次的兵燹水火、虫啮鼠咬、焚籍毁版、千里播迁，留存于世间的典籍已百不遗一。幸运的是，我们这个民族具有一种卓尔不群的品质：即对于文化以及承载它的典籍的铭心之爱。在战乱颠沛的路途上，异族入侵的烽火里，政治高压的禁令下，史无前例的浩劫中……无数的有识之士，竭尽他们的财力、智慧乃至生命，使我们民族的珍贵典籍得以代代相传，传承至今。这些凝聚着前人心血的民族瑰宝，大都具有深远的学术影响、独特的艺术魅力和突出的文物价值，是今天人们了解和学习我国优秀传统文化的宝贵实物资料。它们记载着中华民族的辉煌历史和灿烂文化，诉说着中华民族的百折不挠、临危不惧的民族精神，是先辈留给我们的宝贵精神财富。

新中国成立以来，党和国家高度重视典籍文献的保护工作。2007 年启动实施的"中华古籍保护计划"，由国家古籍保护中心（国家图书馆）负责实施，成效显著，在社会上产生了极大的反响。迄今为止，已由国务院陆续公布了四批《国家珍贵古籍名录》，收录了全国各类型藏书机构和个人收藏的珍贵古籍 11375 部，并拨付专项资金加以保护。可以说，这是一项前所未有的伟大事业。

尽管我国存世的各种典籍堪称汗牛充栋，但为典籍写史的著作却少之又少，许多典籍所蕴含的历史故事鲜为人知，如果不能及时加以记录、整理，随着时代的变迁，它们难免将逐渐湮没在历史长河中，成为中华文明传承中的一大憾事。为此，2012 年底，国家图书馆启动了"中国珍贵典籍史话丛书"项目，旨在"为书立史""为书修史""为书存史"。项目由"中华古籍保护计划"支持立项，采取"史话"的形式，选择《国家珍贵古籍名录》中收录的蕴含着丰富历史故事的珍贵典籍，用通俗的语言讲述其在编纂、抄刻、流传、收藏过程中产生的引人入胜、启迪后人的故事，揭示其与当时的政治、经济、文化和社会发展的密切关系，力图反映中国书籍历史的辉煌与灾厄、欢欣与痛楚。通过生动、多样、丰满的典籍历史画面，使人们更深入地了解和认识典籍，领略典籍的人文精神和艺术魅力，感受中华文化的深厚底蕴。

中华优秀传统文化是我们最深厚的文化软实力。"中国珍贵典籍史话丛书"是以人们喜闻乐见的方式弘扬中华民族博大精深的灿烂文化，使书写在古籍里的文字活起来的一次有益尝试。丛书力求为社会公众提供普及读物，为广大文史爱好者和从业人员提供学习资料，为专家学者提供研究参考。其编纂主要遵循两个原则：一是遵循客观，切近史实。本丛书是关于典籍的信史、正史，而非戏说、演义。因此，每一种史话都是作者钩沉索隐、多方考证的结果，力求言之有据，资料准确，史实确凿，观点审慎。二是通俗生动，图文并茂。本丛书旨在让更多的人了解和热爱中华典籍，通过典籍深入理解中华文化。相对于一般学术著作，它更强调通俗性和生动性，以史话的方式再现典籍历史，雅俗共赏，少长咸宜。

我们真切地希望，通过这套丛书，生动再现典籍的历史，使珍贵典籍从深闺中走出来，进入公众的视野，走进每位爱书人心中，教育和启迪世人，推动"关爱书籍，热爱阅读"的社会风气的形成，让承载着中华文明的典籍在每个人心中长留悠远的书香，为提升全民族文化素养、推动传统文化与时代精神的融合发展做出积极贡献。

"中国珍贵典籍史话丛书"项目自启动以来，得到了社会各界的广泛关注和专家学者的大力支持。一批有较高学术造诣的专家学者直接参与了丛书的策划和撰稿工作，并对丛书的编纂工作积极建言献策，给予指导。借此机会，深表感谢。以史话的形式为书写史，尚属尝试，难免有疏漏、不妥之处，敬请专家学者批评指正，也欢迎广大读者提出宝贵意见和建议。

韩永进

2014 年春于北京

目　　录

自 序

2014 年 5 月，接到国家图书馆研究院的一通电邮，说他们准备出版一套大型丛书，定名为"中国珍贵典籍史话丛书"，目的是要向社会公众宣传、普及、推广中国珍贵典籍的相关知识。这套丛书选材十分广泛，包括了珍贵典籍 500 余种。他们知道我做过一些《春秋》《左传》的研究，于是给我发信，希望我写一本通俗的、一般大众都能看得懂的《春秋左传史话》。

我知道国家图书馆这些年在施行一个很大的项目"中华古籍保护计划"，作为这一计划的成果，《国家珍贵古籍名录》目前已经公布了五批。在进行古籍保护工作的同时，他们不忘用史话的形式，将那些作为中华传统文化瑰宝的古籍，向社会大众做一介绍，使这些通常被认为是藏在象牙之塔里的东西，从内容到形式，能够被民众所了解，增进民众对传统文化的亲近感，这真是一件大好事。

我也早有这样的愿望。少年时读艾思奇的《大众哲学》，很佩服艾氏用浅显生动的语言，把深奥的哲学原理讲得那么明白。后来，我长期在大学里任职，也算是做了三十几年的学术研究工作，但一直是在很小的圈子里，与同行、同好、学生对话交流。中国的传统文化里，优秀的、值得继承的东西非常之多，然而随着时代的发展，到了今天，被学者们视为珍宝、愿意为之投入毕生心血的传统学术，却离开社会大众越来越远，熟悉并了解中华文化遗产精粹的人越来越少，我觉得我们应该做点什么。编写一套介绍珍贵典籍的通俗史话，是一个极好的设想。基于这样的认识，于是我就大胆地承担了编写《春秋左传史话》的任务。

《春秋》与《左传》，其实是两部书，在儒家的经典里，《春秋》被称为"经"，《左传》则被称为"传"（"传"是用来解释"经"的）。《春秋》记事极为简单，往往就是几个字、十几个字记一件事情，而《左传》则叙事比较详细，能够使读者获知许多事情的来龙去脉乃至于细节，所以这两部书常常得配合在一起来读，按照古人的说法，这就好比是衣裳的"面"和"里"，相互依存，谁也离不开谁。从唐朝人开始，总是把《春秋》与《左传》合在一起来阅读、来研究；后来刻板印书兴起，在很多时候也是把《春秋》和《左传》合刻在一起的。但是对于今天的读者来说，《左传》的重要性显然是远远超过了《春秋》的。

《左传》虽然是战国时代的作品，但这部书自问世以来，争议不断，传播、流传一直不怎么顺利。直到东汉时期，学习、研究《左传》的人才多了起来，魏晋以后，《左传》才被普遍接受，成为官方认可的经典。就算是成为经典了，也还不断地有人对《左传》提出指摘，批评者主要是针对《左传》的思想倾向，指出《左传》的思想似乎不很纯粹，与孔子的思想相比，有一定的距离。今天我们认真细究起来，还真是这么一回事。比方说正统的儒家是不轻易谈论神鬼怪异之事的，孔子"不语怪力乱神"嘛，可是《左传》中却充斥着这类的记述和描写；还有关于忠孝仁义等道德规范的认识，《左传》也有些与正统儒家不完全一样的地方。尽管如此，魏晋以后直到清代，在漫长的封建社会中，《左传》始终被人尊奉，与《周易》

《诗经》《尚书》等等一起，处于能够指导人们立身处世、治国理政的经典的地位。

尽管《左传》最初是为了解释《春秋》而创作的，是一部解经的书，但由于《春秋》本来就是鲁国的极简要的国史，《左传》又是用史事来解经的，于是《左传》也就很自然地具有了史书的性质。今天许多人把《左传》看成是一部史书，不是没有道理的。人们都知道司马迁的《史记》很了不起，但司马迁是公元前1世纪的汉朝人，而《左传》的作者生活在公元前4世纪，比司马迁足足早了三百多年。再加上《左传》叙事具体详尽，除了记载当时的军国大事之外，还涉及社会生活的各个层面、各个领域，今天我们能对先秦时期的社会历史有个比较真切实在的了解，全仗着这部《左传》，这真是一部不可多得的伟大的史书！

《左传》又是一部文学巨著。就像《诗经》是中国古代韵文的源头一样，若说到叙事散文，《左传》那就堪称鼻祖，而且这个鼻祖，从它一问世，就确立了如此高的标准，让后世的文人都很难超越。《左传》叙事详备而细致，描写具体而传神，用语简练而生动，可以说是达到了古典叙事散文的高峰。想想看，在距今两千四五百年前，我们的先人就创作出了这样一部优秀的叙事文学作品，这是多么令人骄傲的事情！历代的文学评论家，谈到《左传》的文章，都从不吝惜任何褒扬的字眼，在他们看来，《左传》叙事之合乎法度，文辞之丰腴华美，都已经达到了极致。后世的中国文人，无不以《左传》为写作叙事文字的样本。直到现在，在中学的语文课本里，也总要节选几段《左传》的文章，用来做文言文教学的范文。可以想见，《左传》对中国文学的发展产生了怎样巨大的影响。

对于中国人来说，《左传》的影响其实还远不止于史学和文学。儒家的几部经典，由于长时期被尊崇、被宣讲、被奉为行为规范，在中国人民族性格、民族心理的形成过程中，所发挥的作用，无论怎样估计，都不会过分。《左传》自然也是这样。《左传》是一个思想文化的宝库，其中蕴含着大量的历史经验、政治智慧、人生道理、伦理精义，许多我们今天耳熟能详的格言警句，其实都出自《左传》。人们所熟悉的"曹刿论战"，讲的是"一鼓作气，再而衰，三而竭"的真理，讲的是诚信的重要性；今天大家常说的"和而不同"，出自《左传》所记述的晏子与齐景公的对话。郑国的子产，用"珍贵的面料不可以随便交给新手学剪裁"的比喻，说明不能让不学无术的人来治理国家的道理；还是这位子产，指出对民众的不满，只能用疏导的办法，不可以强力压制，他说这就好比治河，"大决所犯，伤人必多，吾不克救也。不如小决使道（导）"。《左传》提倡勤俭，反对奢华，"俭，德之共（大）也；侈，恶之大也"，"民生在勤，勤则不匮"。《左传》作者对民众的力量和作用，有着清醒的认识，"国之兴也，视民如伤，是其福也；其亡也，以民为土芥，是其祸也"。《左传》总是强调伦理的双向性，"君义臣行，父慈子孝，兄爱弟敬"，而不是主张卑者、贱者、在下者对尊者、贵者、在上者的绝对忠诚、绝对服从，甚至认为如果君主昏暴，臣民反对他们、杀死他们也有其合理性。《左传》还告诉我们许多道理："多行不义必自毙"，"众怒难犯，专欲难成"，"人谁无过，过而能改，善莫大焉"，"量力而动，其过鲜矣"，"言之无文，行之不远"，"不以一眚（缺点、错误）掩大德"，"盗憎主人，民恶其上"，"华而不实，怨之所聚也"，"匹夫无罪，怀璧其罪"……诸如此类的句子，真是举不胜举。

　　人常说，读史可以使人变得聪明，《左传》就无愧是这样的一部史书。

当然，《左传》中也有许多糟粕，有许多负面的东西。成书于公元前 4 世纪，
距今是这样的遥远，它所描述的史实，它所赞赏的精神，它所宣扬的思想，
与今人的价值观，必定有很多格格不入的地方，有很多我们今天看不惯、
不理解、甚至是必欲弃之而后快的东西，这很自然。其实不仅是《左传》，
整个中华传统文化，都是这样，关键在于我们怎样去辨别、怎样去弃取。
现代人比我们祖先高明的地方，正在于有科学的头脑，有古人无法比拟的
广阔的世界眼光，因而有强大的辨别善恶是非的能力。《左传》这部流传
了两千多年的经典，就像是一座价值无限的富矿，等待着我们去开采。我
们可以（而且也应该）发挥自己独立之精神，利用现代的思维方法，对《左
传》做一番解剖，看看有哪些值得我们今天继承的东西，化为己有，以延
续我们民族的精神血脉；看看有哪些东西已经过时，不宜在今日提倡，则
用批判的手段加以剔除，卸下古人留给我们的精神包袱。面对这样的宝藏，
作为炎黄子孙，如果不懂得去从中汲取营养，而只是当作古董束之高阁，
或者干脆掉头不顾，那就未免太可惜了。我的这本小书，就是意在使更多
的人了解《左传》，获知一些有关《左传》的基本知识，进而加入到开发《左
传》矿藏的行列之中。如果哪位读者在阅读本书之后，产生了要去翻一翻
《左传》原书的冲动，那就是对我的最大奖赏了。

2016 年 6 月 27 日赵伯雄序于南开龙兴里寓

第一章 鲁史《春秋》成了儒家的经典

一提起儒家的经典，人们都会想到有所谓"五经"：《周易》《尚书》《诗经》《仪礼》《春秋》，这些虽然基本上都是先秦古书，但是在成为经典之前，它们之间的区别其实是很大的。就说《周易》吧，那本来是古人卜筮之书，是用来算卦的；《尚书》呢，那是一种古代档案的汇编；而《诗经》则是一本古代诗歌的总集。至于《春秋》，今天的人们都知道，那本来是鲁国的一部编年史。这部编年史是怎样变成儒家经典的呢？现在就让我们来看一看这个演变的过程。

第一节 源远流长的史官记事传统

我们的祖国有着悠久的历史。从今天已经知道的考古发掘的情况来看，古代中国的文明可以上溯至五千年前，而有文字记载的历史，至今也有三千多年了。这样漫长的历史，数千年来竟没有中断过，这是我们每一个中国人常常引为自豪的。为什么会是这样呢？这里面有一个因素，不可忽视，那就是古代社会存在的史官制度。

中国古代从什么时候开始有"史官"呢？根据传说，夏代就已经有了。

不过夏代的事情，目前还缺乏当时的文字材料的证明，我们还不敢说得十分肯定；而商代已有史官，则是千真万确的事实。甲骨文中已经有了"史""大史"这样的官名。到了西周，史官的名称就更多了，有大史、小史、内史、作册等种种区别。这个"史"字，在甲骨文中写作，我们不妨先来看一看这个字最原始的意义是什么。汉代许慎写过一部《说文解字》，是专门讲解文字的构成及其原始意义的，那上面就说："史，记事者也"，就是说，"史"是专门记事的官。当然这是汉人的说法，"史"的初义恐怕还不止于记事。这个字的构形，现代学者研究得也已经很清楚了，据王国维说，"史"字下半部分像一只手，上半部分那个"中"，是一种盛简册的器具（上古时代写字是用竹木简的），这个字的意思，就是"拿着书的人"。当然，实际上恐怕也不限于"拿着"，"史"既"作书"（包括记事、起草文告等等文字工作）、"藏书"（即保管收藏），也负责"读书"（这跟我们今天所谓读书不一样，是指宣读君主的诏令）。这样看起来，"史"应该是当时的知识分子，他们掌管着朝廷的种种文字工作，保管着政府的档案，除此之外，史官还有制定历法、求神问卜等种种职责，他们的作用着实不小呢！在那个时代，读书识字、学习文化，并不是一件容易的事，因此史官常常在一个家族里传承，父亲做史官，儿子往往会继承其父的职位，也担任史官。直到汉代，还是这样，司马迁不就是继承他父亲司马谈做了史官吗。不过汉代的史官地位已经大大地降低，跟商周时期是没有办法比的了。

史官的一个最主要的职责，就是记事。古人有一个说法，叫做"君举必书"，也就是说，国君不管有什么举动，都要由史官记录下来。记下来干什么呢？留给后人看，供后人作为行事的参考。看来，我们的古人很早就懂得总结经验教训的呢。国君做了好事，做了正确的决定，记录在案，这当然很好；要是国君做了错事、坏事呢，也是要记录下来的。春秋时期鲁国的庄公要到齐国去"观社"（"社"是一种祭祀，祭祀时可能有一些新奇的仪式、活动，鲁庄公大概是想去看热闹吧），他的大臣曹刿认为不妥，就劝谏他说，到别的国家去"观社"，不合礼法，作为国君，你的每一个举动都是要记录在史册上的，这样不遵守礼法的行为，怎么给后辈的人做榜样啊。可见在古人的心目中，史册的作用就是留下活动的记录，给后人作行动的参考。也正因为这样，那些爱惜身后名声的人，往往对史册有一种畏惧感，因此而对自己的行为能够有所约束。

在古书里，还有这样一种说法，叫做"左史记言，右史记事，事为《春秋》，言为《尚书》"，就是说"左史"的职责是"记言"的，这些记言的史册流传下来就是后来的《尚书》，而"右史"的职责是记事，记事的结果就形成了《春秋》。这种说法并不怎么可信，因为在别的书上也有说"动则左史书之，言则右史书之"的，恰好颠倒过来了。而且"左史""右史"这样的官名，目前也还得不到考古资料的支持。但是这话却给了我们一点启示：当时的史官职责或许有所侧重，那时的史册也可能有着不同的类型，有的似乎偏重于记载人的言论、讲话，有的则偏重于记载发生的事件以及人的行为。春秋时期楚国的庄王曾经就太子的教育问题问计于大臣申叔时，申叔时就建议让太子学习一些典籍，他列举了很多种典籍，其中有相当一部分，例如"世""语""故志""训典""春秋"等等，在今天看来恐怕就属于历史著作，"世"可能记载着君主、贵族的世系，"语"可能记载着前贤有深刻教育意义的善言嘉语，"训典"也许是前代重要的典诰、制度、命令，"故志"和"春秋"则可能偏重于记事，当然，这个"春秋"可不是我们今日看到的《春秋》，这一点我们在下面还要谈到。总之，在春秋时期，已经存在着形形色色的历史著作了。而在当时的贵族教育当中，读"史"应该是比较重要的一环。

第二节　纲要大事记式的编年史书

《春秋》本是鲁国的史册，这在今天已经成为常识了。在那个时候，各个诸侯国都有自己的史官，各国也都有自己的史册。战国时的孟子就曾说过，楚国的史册叫做"梼杌"，晋国的史册叫做"乘"，这两样东西与鲁国的《春秋》是一种类型的书。在孟子当时，应该是见过这些书的，可惜后来"梼杌"与"乘"都已失传，今人是无缘见识的了。其实"春秋"这个名称，最初可能不是鲁国史书的专名，应该是某种类型史书的"通名"，也就是说，别管哪个诸侯国，这一类的史册都可以叫做"春秋"。前面提到过的楚国太子教育所用的"春秋"，显然就不是鲁国的史书，不是我们今天见到的这部《春秋》。战国早期的墨子，曾说他见过"百国春秋"，有周春秋、燕春秋、宋春秋、齐春秋等等，可见那时候"春秋"还不是鲁国史书的专名。但这许许多多的"春秋"，只有鲁国的春秋传下来了，这样"春秋"就逐渐成了鲁国史书的专名。

现在就让我们来翻开这部古老的经典，看一看这部《春秋》到底是一种什么样的史书。《春秋》全书有16000多字，记载了从鲁隐公元年（前722）到鲁哀公十四年（前481）共242年的历史。《春秋》是编年记事的，也就是说，按照年代的顺序记载历史。那时候的纪年，是以国君即位那一年算作元年的，以下就二年、三年、四年……这样排下去，一个新的国君上台，又重新从元年数起。这 242 年当中，一共经历了 12 个国君，隐公、桓公、庄公、闵公……，直至哀公，后人简称"十二公"。当然，每个国君在位的年数并不相同，有的三十几年，有的则只有两年，但每一年都有记事。《春秋》的记事，都是一条一条的，文字极其简单，只是记某月某日某人在某地干了某事，例如："三月，公及邾仪父盟于蔑"，这是说，这年的三月，鲁国的国君跟邾仪父在蔑这个地方会盟；"夏五月，郑伯克段于鄢"，是说郑国的国君于五月在鄢那个地方打败了段（"段"是人名）；"夏，晋人、宋人、卫人、陈人侵郑"，这是关于晋、宋、卫、陈四国军队入侵郑国的记载；"秋九月乙丑，晋赵盾弑其君夷皋"，这是说在那年秋天九月的乙丑日，晋国的大臣赵盾把他的国君夷皋杀死了。一部《春秋》，都是类似这样的记载，每一条记事，少者就用几个字，多者也不过三四十个字，只记时、地、人、事，绝无枝蔓的描写，绝无人物的对话，也极少解释性的、说明因果的文字，而且几乎全不带感情色彩。这种纲要式的、编年大事记式的记事方法，可能是当时各国史册的通例。例如在鲁国之外，齐国的国君在大臣崔杼的家里被杀死，于是齐国的太史就在史册上写下了"崔杼弑其君"；卫国的孙林父、宁殖赶走了他们的国君，在诸侯的史册上都记着"孙林父、宁殖出其君"这样的话。可见不仅是鲁国，其他诸侯国的史册也是这样记事的。

西晋太康年间，在汲县曾经因盗墓出土过一批竹简，当时的学者很重视，对这批竹简做了整理，结果发现其中有一部战国时魏国的史书，这部史书在西周灭亡以后用晋国纪年，三家分晋以后用魏国纪年（战国时的魏国是由春秋时的晋国分裂而来的），被人们命名为"竹书纪年"。当时有一位大学者叫杜预，他是亲眼见过这批竹简的，他说这部《竹书纪年》的写法、体例与《春秋》极为相似，也是那种纲要式的，大事记式的，有了《竹书纪年》作为佐证，可以断定《春秋》的记事方法就是古代"国史策书之常"，也就是说，那时各国的史书，都是以这种形式记载史事的。

那么《春秋》记载的史事，到底可信不可信呢？现代学者的研究，已经给出了肯定的结论，那就是《春秋》所记史事，基本上是可以相信的。为什么这样说呢？这可以用《春秋》中记载的天象变化加以证明。原来古代的史官，不仅仅记录军国大事、统治者的重要活动，同时也很注意记录日月星辰的运行变化、水旱风雹陨石地震等自然的灾害和异象。例如日食，那是一定要写上一笔的。古人限于知识水平，对日食现象有一种畏惧感，认为这是一种重大的天变，总要记载在史册上。《春秋》记载日食一共有36次。据现代学者的研究，其中只有两三次不准确，可能是因为误记或者是错简所致，其余33次日食，都是可靠的，因为日食这种现象，依据现代的天文学知识，是完全可以逆推出来的。此外，《春秋》庄公七年记载有"星陨如雨"四个字，据天文学家说，这正是公元前687年3月16日发生的天琴星座流星雨纪事，要不是当时人亲眼看到，并且由史官记录了下来，这种事情是不可能编造出来的。还有文公十四年《春秋》有一条："秋七月，有星孛入于北斗"，这是世界上哈雷彗星的最早记录，若不是实际观测所得，也是无法假造的。[①]《春秋》中的关于日食及天象的记载这样可信，可以推想，其他史事的记载，也应当是当时的实录。唐代有一位史学家，叫做刘知几，他曾亲眼见过前面提到的那部《竹书纪年》（此书南宋以后亡佚了），据他说，《竹书纪年》上所记史事，"皆与《鲁春秋》同"，这就更可以证明《春秋》是可信的了。

---

① 参阅杨伯峻：《春秋左传注》前言，中华书局，1981年，第19页。

《春秋》虽然是可信的历史记载，但是据现代学者的研究，《春秋》又不能算是很完备的鲁国的历史，因为它记载的史事，可能还有不少遗漏。就拿关于日食的记载来说吧，据天文学家的计算，《春秋》242 年之中，在鲁国那个地方，可以看到的日食应该在 60 次以上，而《春秋》只记载了 36 次，就算有时候有浓云、下大雨，日食无法看到，可也不该差这么多啊，可见这里有不少应该属于史官漏记，或者虽然记了，由于年代久远，史册散乱，以致缺失了。再举个例子。据汉朝人说，《春秋》记载了"弑君三十六，亡国五十二"，意思是说，春秋各国发生的臣子杀死国君（这叫"弑君"）的事件有 36 起，而春秋时期被灭亡的国家有 52 个。但我们今天翻检《春秋》的全文，无论是"弑君"还是"亡国"，都不够汉人说的数目。还有，《春秋》桓公六年记"子同生"，这是关于国君儿子降生的记载（桓公的这个儿子名子叫"同"），看来国君生子，在那时也是国家的一件大事，所以史官郑重其事地记在了史册上。可是《春秋》242 年，关于国君生子的记录仅此一件，而《春秋》12 个国君，除了闵公幼年即位，很快就死了之外，其他的国君也应该有儿子降生呀，可是《春秋》中并没有记载，这就很令人疑惑。是不是史官漏记了，或者由于别的什么原因，史册上未留下痕迹，反正可见《春秋》的记录不是很完备。鲁君嫁女的情况也是这样。当时国君女儿的出嫁也不是小事情，史官是要记录在案的，但《春秋》242 年之中，只有 7 位鲁国公主出嫁的记载，总不能说这 12 位国君只生了 7 个女儿吧，肯定是有遗漏了的。类似这样的疑点还可以找出许多。这些情况都说明，《春秋》作为鲁国的史册，并不完备，所记史事是有缺漏的。造成缺漏的原因，一是可能有史官的漏记，同时也可能是在后来的传抄、转写过程中发生了脱误。大家知道，古代的书籍在印刷术发明以前，一直是以辗转抄写来流传的，在传抄、转写的过程中，很容易发生脱漏的情况。据曹魏时候的人说，《春秋》大约有18000字，到了南宋时期，学者就说《春秋》有16500余字了，你看，千余年间，《春秋》就少了1500字！对于《春秋》来说，这可不是一个小数目，因为每一条记事字数都很少，就以平均每条15字计，那就丢失一百来条了！这很可能是《春秋》看起来不怎么完备的一个原因。① 当然还有另一种可能，就是《春秋》经过了孔子的"删削"，大量的史事被删去了，这一点我们在后面再谈。

第三节　《春秋》成了孔门授徒的教材

以上我们说《春秋》是可信的、然而又不很完备的鲁国的史册，这是现代人的基本看法，对于《春秋》，古人可不这样看。古人把《春秋》看得很神圣，看成是一种有着指导意义的皇皇经典。这是因为古人总是把《春秋》与孔子连在了一起，很多人认定《春秋》是孔子的"制作"，也有的不直接说是孔子制作，而是说孔子对鲁史做了删削处理，赋予了深刻的含义，"修"成了《春秋》。那么，《春秋》与孔子到底有怎样的关系呢？我们不妨先对这个问题做一点讨论。

关于孔子与《春秋》的关系，在古书上是有说法的。现在所知最早谈到这个问题的是孟子。孟子说过，春秋时代是一个乱世，歪理邪说到处泛滥，弑君弑父的暴行层出不穷，孔子感到"畏惧"，认为不能容忍这个社会再这样堕落下去了，于是"作《春秋》"，并给《春秋》赋予了"大义"。

---

① 本节内容多参考杨伯峻《春秋左传注》前言。

孟子的意思是说，孔子试图通过作《春秋》来谴责"乱臣贼子"，让"乱臣贼子"有所顾忌，不敢肆意胡行，以此来拯救日益颓败的世风。至于孔子究竟是怎样做到这一点的，或者说孔子作《春秋》的细节，孟子都没有说。直到汉代的司马迁，才把这件事情说得具体一些。按照司马迁的说法，孔子是根据当时存在的某些历史记载来作《春秋》的，孔子对鲁国的史册做了加工，具体来说，就是"笔则笔，削则削"。所谓"笔"，是指写下来，就是对史册旧文加以保留，孔子对他认为应该保留的内容就抄写下来（可能是照录原文，也可能做了文字上的修改）；而"削"呢，则是指删削（那个时候写字用竹简，改错或者删除须用刀子刮削，故称"削"），孔子觉得应该删去的内容，则果断地删除。这样一来，《春秋》就成了孔子"笔削"之后的产物了。那么孔子为什么、又根据什么进行"笔削"呢？这就回到了孟子所说的《春秋》之"义"。原来孔子作《春秋》，是为了宣扬"大义"的，他保留或者增改了史册的某些文字，删去了某些文字，都是为了表达某种"义"。司马迁把孔子作《春秋》这件事说得十分神圣，把孔子赋予《春秋》以大义说得十分深奥，他说孔子做许多事情都与众人没有太大的区别，唯独作《春秋》这件事，那简直就是孔子一个人的圣心独运，外人无从参与，就是他最得意的弟子子夏等人，也插不上手，帮不上忙。

孟子、司马迁的这些说法，对古代中国人的影响非常之大。古代的《春秋》学者，不管是哪个家派，几乎无例外地都认为《春秋》不是一部简单的史书，《春秋》的字里行间蕴含着许多孔子的"大义"。但是"孔子作《春秋》"这种说法，在现代学者那里却遇到了挑战。现代学者由于摆脱了经学枷锁的束缚，能够比较客观地研究问题，所以提出了许多疑问。例如有人提出来说，《论语》多载孔子和他的弟子们的言行，他们之间的谈话、讨论，涉及的范围极广，儒学里的很多问题，《论语》里都曾谈到过；孔子作《春秋》，这在当时是何等重要的大事呀，怎么在《论语》中竟一点儿反映也没有呢？而且孔子明明说过，自己是"述而不作"（"述"是指传述古代文献，"作"则有"创作""著作"的意思）的，那有什么理由硬要说孔子"作《春秋》"呢？另外，《春秋》本身的一些问题，也表明《春秋》不像是经过了孔子整理加工的。例如《春秋》里有一些"阙文"（文字残缺），有一条记载只有"郭公"两个字，还有一条记载只有"夏五"两个字，这很明显是有文字的缺失，如果《春秋》经过孔子的加工，他何必要保留这样孤零零的前言不搭后语的片断文字呢？《春秋》的记事，前后有很多规则不统一的地方，例如记载非鲁国的卿大夫参加盟会，有的写他们的名字，有的就不写名字；记载各国的"弑君"事件，庄公及其以前的弑君的人都不写他们的"氏"，而闵公以后的弑君者则都要写"氏"。僖公二十一年以前楚国的国君都称"楚人"，而此后有的就改称"楚子"了。这都反映出《春秋》的记载有时段性，不同时期的史官，用语习惯可能不一样。孔子要是真的做了整理，而且要从《春秋》的遣词造句上讲解"大义"，那他为什么不把这些记事的规则、用词等等统一起来呢？在《公羊传》（关于《公羊传》，我们在下面还会谈到）里，讲了这样一件孔子的轶事：有一次，孔子发现了《春秋》里有一个地方文字有错漏，但他完全照原样誊录，没有加以改动，于是弟子问他：老师明明已经知道这个地方错了，为什么不改过来呢？孔子回答说：我要是把这个地方改了，那些我没有看出来的错误怎么办呢？这话表明，孔子十分清楚他自己的知识是有限的，他无法发现《春秋》文字上的所有问题，为了慎重起见，他宁肯保留文本的原貌，也不愿意造成有的错处改了、有的错处没有改的那种混乱的局面。

你看，这不正好是《春秋》没有经过孔子动笔修改的一个证据吗？

那么到底孔子修过《春秋》没有呢？老实说，到目前为止，这个问题也还没有一个能让所有人接受的、确定无疑的答案。大致说来，像司马迁所说的那样的"笔则笔，削则削"，未必是实情；像某些儒者所宣称的那样，孔子在遣词造句上处处安排了"大义"，更是难以令人相信。但是，今天我们所看到的《春秋》，确实不是当年鲁国史官原始的记录了，它应该是经过孔子或者孔门弟子某种程度的加工改造。像《春秋》里严格地记载四时（就是四季，《春秋》记事，每年必记四时，一般是写在一季的第一个月，例如"春正月""夏五月"之类；但若第一个月没有什么事可记，那么也可能将季节写在别的月份上，例如"春二月""秋九月"之类），就有很明显的整理加工过的痕迹。另外，有些地方的用词、用语，也可能进行了改换，有的记事条目，也不排除有删节，但增加史册原来所没有的记事条目，这种可能性则微乎其微。

不管对孔子"修"或者"作"《春秋》持什么样的看法，孔子是在用《春秋》作教材来教学生，这一点是没有疑义的。其实不光是《春秋》，儒家的几部经典，例如《周易》《尚书》《诗经》等等，都是孔门教学的科目，同时也是教材。那么孔子拿《春秋》来教什么呢？恐怕不是在教历史，试想，那样干巴巴的记事条目，怎么讲历史呀？按照孟子的说法，孔子是在讲解其中的"义"。只是这些"义"究竟是什么，孔子又是怎么样讲解的，由于孔子没有留下他的教案来，今日已无从知道了。不过孟子还说过："孔子成《春秋》而乱臣贼子惧"，这使我们不由得联想到，孔子当年讲授《春秋》，至少有一条是毫无疑问的，那就是义正词严地揭露、谴责他所认定的"乱臣贼子"，使"乱臣贼子"无所遁形于天下，用这样的方法来维护他所赞成的礼制与统治秩序。

孔子生活的时代，正是礼崩乐坏的春秋时代，在孔子看来，那是一个乱世。此时的周天子，早已没有了昔日的权威，诸侯国都已成长了起来，周王能够实际控制的地盘，也只相当于一个小国了。诸侯国之间，征战不息，各国内乱不止，臣子弑君、儿子弑父的事情简直司空见惯，真是君不君、臣不臣、父不父、子不子，整个社会秩序都乱套了。孔子有志于"拨乱世反之正"，但他身微位卑，无力左右政局，也无力进行实际上的奖善惩恶，他只能通过办学授徒的方式，来宣讲自己的理念，来传播自己的思想。他充分发挥自己精熟于典籍文献的特长，这些典籍文献中就有一部鲁国的叫做"春秋"的史书。他给这部史书注入了自己的思想，加进了自己的解释，用它来表达对史事的或赞成或反对的态度（这就是后来人们所说的"褒贬"）。孔子去世以后，他的弟子们继续对这些典籍进行研究和发挥，继续授徒讲学，不断地对孔子的思想进行挖掘、解释、发挥，儒学在战国时成为了显学。最迟到战国晚期，孔门传授的几部典籍已被合称为"六经"了，这其中就有《春秋经》。一部鲁国的史册，就这样变成了儒家的经典。

第二章　解说《春秋》的著作——三传出现了

第一节　《春秋》有了自己的"传"

《春秋》既然成了儒家的经典，那么就肯定有所谓"经义"了。不过这部《春秋经》，却与其他几部经典很不相同。别的经典，像《周易》啊，《尚书》啊，《诗经》啊，它们的经义往往就蕴含在经文之中。只要弄懂了文字，那意思也就出来了。例如《尚书》有主张"德治"的经义，这从《尚书》中的"明德慎罚""敬德保民"这类的辞句中可以很明显地看出；《诗经》里有"尊王"的经义，读了"普天之下，莫非王土；率土之滨，莫非王臣"这样的诗句，自能体会得到；至于《周易》里"自强不息""厚德载物""满招损，谦受益"之类的文句，更是把经义说得明明白白。可《春秋》就不一样了。《春秋》就是些干巴巴的记事条文，这些条文中能有什么深刻的意蕴啊，着实不易看出。像"夏五月，郑伯克段于鄢"，除了告诉你郑国的国君在"鄢"这个地方战胜了"段"之外，还能说明什么呢？"夏，晋人、宋人、卫人、陈人侵郑"，我们除了知道晋、宋、卫、陈四国的军队侵略了郑国之外，又能从中看出什么更深刻的意义来呢？所以《春秋》这部经典，实在是有点特殊，它的"义"，存在于经文之外，存在于解经者的讲解之中。孔子活着的时候，最权威的解经者自然是孔子；孔子去世之后，问题就来了。他的学生们往往根据自己的所闻，加上自己的理解，对经义进行解释、阐发，这样一来，《春秋》的经义就逐渐产生了分歧。弟子再传给弟子，分歧就越来越大，逐渐形成了不同的家派。先秦时期，对经典所做的解释、发挥，被称为"传"。据汉朝人说，先秦时期《春秋》的传有五家之多，分别是《邹氏传》《夹氏传》《公羊传》《谷梁传》《左传》。而《邹氏传》由于后来没有经师传授，到汉代就已经失传了；《夹氏传》据说是因为没有形成文本（"未有书"），也就很难传之久远；于是汉人所能够见到的《春秋》传，就只有《公羊传》《谷梁传》和《左传》了。这就是人们所习称的"《春秋》三传"。

第二节　《公羊传》和《谷梁传》是怎样解经的

先说说《公羊传》。"公羊"是个复姓。据汉人说，《公羊传》最早是孔子的弟子子夏传下来的，子夏传给了公羊高，公羊高传给了他的儿子公羊平，公羊平又传给了其子公羊地，公羊地传给了其子公羊敢，公羊敢传给了其子公羊寿，这个时候已经到了汉景帝年间。此前《公羊传》一直在公羊家族里世代相传，可一直是口耳相授，并没有写下来。这位公羊寿与他的弟子胡母生合作，终于将这部"传"写在竹帛之上，也就是说，到汉景帝时，《公羊传》终于以书册的形式固定了下来。不过，这个传承系统并不怎么可靠，前人早就有所怀疑了。因为从公羊高到公羊寿，传了五代，而从子夏到汉景帝时，有将近300年，一个家族在300年间只传了五世，这不大合乎情理。所以这个传授系统中很可能有缺环，只是由于记载的缺失，人们已无法说清确切的世系了。大约是因为这部《春秋》的传在公羊家族中传得最久，于是人们就称此传为"公羊传"了。

《谷梁传》的情形与《公羊传》近似，最初也是在老师与学生之间口耳相传，到了汉代才写成定本的。"谷梁"也是个复姓，汉人只是说最早传《谷梁》的人是"谷梁子"，这位谷梁子叫什么名字，前人说法不一，有的说他名"赤"，有的说他名"俶"，也有的说他名"喜"。据说谷梁子也是受教于子夏的，所以《谷梁传》的祖师也应该是孔子的弟子。子夏是儒家里很重要的一位人物，他比孔子小44岁，在战国初年曾做魏文侯的老师，对传承儒家经典起的作用不小。可能当时子夏的弟子很多，后来弟子们又分门别派，各自立为一家，于是《春秋》就有了《公羊》与《谷梁》两个"传"吧。

前面说过，传是用来解经的。《公羊传》与《谷梁传》解经的方式非常相似。通常都是着眼于揭示并阐发《春秋》中的"经义"，使用的手法一般是自设问答，对所要解释的经文逐字逐词提出问题，然后给予解答。现在我们来试举几例，看看《公羊传》是怎样解经的。隐公元年《公羊传》是这样说的："元年春，王正月。元年者何？君之始年也。春者何？岁之始也。王者孰谓？谓文王也。曷为先言王而后言正月？王正月也。何言乎王正月？大一统也。"读者暂时可以不必理会这段《公羊传》传文的内容，也用不着细究每一句话是什么意思，我们只是来看一看《公羊传》解经的方法。这段话是用来解释经文"元年春，王正月"六个字的，先说什么是"元年"，什么是"春"，这里头的"王"指的是谁；进而说为什么把这个"王"字放在了"正月"的前头，最后归结出经义："大一统"（注意：这里的"大"是个动词，有张大、主张、拥护、推崇等义），就是《春秋》

主张天下一统、拥护天下一统。这就是经义，也就是《春秋经》里面的思想。但这种思想是怎样表达出来的呢？《春秋》的经文字面上并没有显示出一点痕迹，如果没有解释者的阐发，谁能够想到在"元年春王正月"六个字的背后，竟还有"拥护天下一统"这样的大道理呢？再看一例。《春秋》宣公十五年有这样一条记载："初税亩"，从字面上来看，这三个字是说鲁国从这一年开始实行按亩收税的制度。《公羊传》认为，《春秋》所以要记上这样一笔，是要表达对鲁人改变祖制的讥贬的态度。因为鲁国过去一直是实行"什一之税"的，而且用的是"助法"（即劳役地租），现在改为按亩收税了，是对祖制的背叛，是不正确的，所以《春秋》要"讥"。这也是《春秋》的经义。但这个经义，要是没有《公羊传》的剔发，单从"初税亩"三个字里是无论如何也看不出来的。还有，成公元年《春秋》记载："王师败绩于贸戎。""王师"指天子的军队，"贸戎"是地名。据《公羊传》说，这次周王的军队其实是被晋人打败的，那为什么《春秋》不记载战胜者是谁呢？原来《春秋》有"尊王"之义，王者本应该是"无敌"（即没有与之对等的敌体力量）的，为维护王者的尊严，所以《春秋》不明写被晋人打败。以上只是举了几个例子，意在说明《公羊传》是怎样解经的。可以看出，《公羊传》的解经，随意性很强，主观的色彩极为浓厚。《谷梁传》的解经，路数与《公羊》极为相似，也是采用一种自设问答的方式，也是从字里行间寻找《春秋》为什么要记、为什么不记、为什么这样记而不那样记的道理。像这一类被解释者阐发出来的经义到底有多少呢？据司马迁说，一部《春秋》，经义有数千之多。可见那时候在儒者的心目中，《春秋》绝不仅仅是记事之书，一部看似简单的《春秋》，却是有着极其丰富的思想的。

第三节　《左传》用史事来解经

以上我们介绍了《公羊传》和《谷梁传》，现在该说一说《左传》了。《左传》与《公》《谷》一样，同样也是解经之书，但解经的路数却大不相同。《左传》虽然也谈《春秋》的经义，但它最主要的却是讲解《春秋》的史实。或者说，《左传》主要是以"事"来解经的。因为《春秋》实在是太简略了，几个字，十几个字，就记下了一件史事，常常让人摸不着头脑。《左传》则往往会将事情的前因后果、经过情形细加叙述，弥补了《春秋》叙事过于简略的缺憾。我们试看以下这个例子。

《春秋》开篇的第一年，隐公元年，有这样一条记事："郑伯克段于鄢。"从字面上看，我们只知道一位郑国的国君在鄢这个地方打败了段。至于详情究竟怎样，郑伯是哪位国君，段到底是谁，他们是怎样打起来的，这些细节，都无从知道。《公羊传》和《谷梁传》呢，他们把关注的重点放在了这六个字所表达的"义"上，他们探讨的是《春秋》在这里为什么要用"克"字，为什么"段"明明是郑伯的弟弟，《春秋》却偏偏回避"弟"的称谓而仅用一个字称之为"段"，他们认为《春秋》这样记载，一定是有其深刻的含义的。这就是我们所说的主观的诠释。《左传》就全然不同了。《左传》用了很长的篇幅，把这件事的来龙去脉、前因后果、经过情形，详细交代了一番，使我们对这个事件有了很具体、感性的认识。原来，郑伯就是郑国的庄公，那个"段"是他的弟弟共叔段，他们是亲兄弟。他们的妈妈武姜偏爱小儿子，当年就在丈夫面前要求立小儿子为太子，但没有成功。后来郑伯即位做了国君，把共叔段封在了"京"这个地方。共叔段在京地暗中组织武装，发展势力，庄公的大臣们提醒庄公要加以防范，但庄公似乎并不以为意。后来段以为自己羽翼丰满了，与母亲内外勾结，发动叛乱，庄公这才发兵平叛，在鄢地打败了段，段于是逃出了郑国。庄公从此与母亲决裂，把她安置在城颍，发誓说："不到黄泉，永不相见！"但不久之后，庄公就后悔了，无奈誓言已出，怎么才能再见到母亲呢？这让他深感痛苦。有一个叫颍考叔的人想了一个妙法，他让庄公挖掘地道，在地洞中与母亲相见，这不就可以说是到"黄泉"了吗！庄公照计而行，于是母子和好如初。《左传》讲了这样一段完整的故事，这就使读《春秋》的人，对"郑伯克段于鄢"这六个字有了具体、深入的了解，而不会感到空洞、简单、无从捉摸了。

《左传》的解经，就是这样，用生动、形象的史实叙述，使《春秋》中干巴巴的记事条文变得丰满起来。虽然在某些地方也试图讲解经义，但那毕竟很少，从整体来看，《左传》是用史事来解经的。

第三章　《左传》究竟是谁写的

第一节　左丘明身世之谜

《左传》也有时被称作"左氏传"，那么它的作者，应该是一位叫做"左氏"的人了。但是这位"左氏"究竟是谁呢？直到今天，这个问题也没有一个确切的答案。古人传统的说法，是说写《左传》的人是左丘明。这个说法最早见于司马迁的《史记》。司马迁在《史记·十二诸侯年表序》中说，孔子周游列国，试图推行他的政治主张，但没有一个国君肯采纳他的意见。于是他回到了鲁国，根据他在周王室那里搜集到的大量的历史资料，对鲁史《春秋》进行了加工整理，加进了许多"义法"（大约是指褒贬、讥刺的思想与原则吧），用来给学生讲授。孔子去世之后，弟子们按照他们自己对师说的理解授徒讲学。当时有一位叫左丘明的人，据司马迁说，此人是鲁国的"君子"，这位左丘明感到，这样下去，孔子的学说可能会发生歧义，因为弟子们对孔子思想的理解并不完全一致，他们在讲授中也会加进去自己的体会，这样一代一代传下去，孔子学说的本来面目恐怕就要变得模糊不清以至走样了。于是，左丘明开始做一些补救的工作。他针对《春秋》记事过于简略的弊端，找出了孔子当年修《春秋》时所用的历史资料，尽可能详细地对《春秋》中的史事做了补充，使得《春秋》不再是那种干巴巴的像记事标题似的条文，而成了记事详赡、内容丰富、描写具体生动的历史记载。左丘明似乎以为，有了这样的史实根据，讲解《春秋》的人，总不至于太离谱了吧。

司马迁的上述说法，影响非常深远，古人大多都据此认为是左丘明作了《左传》。至于这个左丘明究竟是什么人，意见却很不一致，这又是一个不好解决的问题。有人简单地说他是孔子的学生，但却拿不出任何证据。也有不少人把他和《论语》里孔子提到的左丘明联系起来。在《论语·公冶长》篇里，孔子说过这样的话："巧言、令色、足恭，左丘明耻之，丘亦耻之。匿怨而友其人，左丘明耻之，丘亦耻之。"意思是说，那种善于花言巧语、表面上恭敬实际上心怀不满的人，左丘明认为可耻，孔丘我也认为可耻。那种把怨恨深藏在心里，还要假惺惺地跟你交朋友的人，左丘明认为可耻，孔丘我也认为可耻。看起来孔子对这种伪君子真小人深恶痛绝，同时他还抬出左丘明来，说自己与左丘明的好恶是相同的。从孔子说话的语气来看，这位左丘明不像是孔子的同辈或者学生，他应该是孔子前辈的贤人，孔子才会标榜自己与前辈的贤人同其好恶。

作为孔子前辈的左丘明，当然不可能写《左传》。那么会不会有两个左丘明，一个是司马迁所说的写《左传》的左丘明，一个是《论语》里的左丘明？而这样的可能性，恐怕也是微乎其微。于是自唐朝以来，就有不少学者否认《左传》为左丘明所作。后来现代学者经过细致的考证，更证明了《左传》的作者其实是战国时代的人。至于这个人叫不叫左丘明，已经不是很重要了，更重要的是《左传》这部书的成书时代。

第二节 《左传》的成书时代

如果完全依照司马迁的说法，那么《左传》的成书应该在孔子死后不久、他的弟子们各自授徒讲学的时候，大约是在春秋的末期或者战国的早期。可是司马迁的说法，其实并不是很牢靠。《左传》记事的下限，比《春秋》要长一些。《春秋》记事终止于鲁哀公十四年（前481），而《左传》又往后延续了十几年，记事止于哀公二十七年（前468），而且在叙事中附带提到了鲁悼公四年（约前455）智伯被灭的事情，称晋国的大夫赵无恤为"赵襄子"（"襄子"是赵无恤的谥号。所谓谥号，是古时候人在死后被追授的称号，而赵襄子死于前426年，此时距孔子的卒年已有53年了），可见《左传》的撰作，不会是在赵无恤活着的时候，最早也得在公元前426年以后。现代学者经过客观的分析，得出了比较一致的认识，那就是《左传》的成书，比古人通常所说的时间要晚，应该在公元前4世纪的中叶，那时候已经是战国的中期了。这个结论是怎么得出来的呢？这还要从《左传》中记载的大量"预言"说起。

《左传》的作者，可能是一个神学趣味非常浓厚的人，他特别喜欢记述一些可能是当时民间传说的神鬼怪异的事情，其中就包括了大量的"预言"。例如他写某个历史人物之死，往往要写事前就有什么什么征兆，预示他会死于某地，或者死于某时，后来事情的发展果然如此。又如写一场战争的胜负，喜欢写战前的占卜，而战争的结局往往与占卜的结果正好相副。写一个国家的国运，常引用某位贤者的议论，而这个国家的命运，则总是沿着预设的方向发展。《左传》中的预言，绝大多数是应验了的。现代的学者，当然不会轻易相信占卜真的会有这样灵验，也不会相信那时真有高明的预言家，可以预见人之生死祸福、国之存亡兴败，对书中大量出现的极其灵验的预言，唯一的解释是：作者看到了事情的结果，因而有选择地记录了那些与事情发展相符的预言神话。这些预言神话，或者是古代书中原有的，或者是早就在民间流传的，当然也可能有的就出自《左传》作者之手。这样看来，这些预言当然不能作为真实可信的史料来使用，但是却为我们判断《左传》的成书年代提供了依据。因为既然作者看到了某个事件的结果，那么作者一定是生存于此事件结束之后。找出这些应验了的预言中时代最晚的几件事，《左传》作者生存时代的上限差不多就出来了。

下面我举几个应验了的预言的例子。

《左传》庄公二十二年，记载了一件齐侯任命陈敬仲为卿的事。这个陈敬仲，本来是陈国的大夫，因为陈国发生内乱，陈敬仲逃到了齐国。齐侯很看重敬仲的才能，所以给他安排了这样的职位。这个陈敬仲的家族在齐国逐渐站稳脚跟，家族势力越来越大，成为齐国一支显赫的贵族，这就是战国时期齐国的"田氏"（"陈""田"二字古音相同，故陈氏就是田氏）。通过贵族之间的激烈斗争，田氏终于取代了原来的姜姓贵族，成为了齐国的最高统治者，这就是历史上有名的"田氏代齐"。而田氏代齐局面的形成，是在公元前的 386 年。

现在，让我们再回过头来，看一看《左传》庄公二十二年的记事。《左传》作者在记陈敬仲被任命为卿的时候，加叙了一段陈敬仲的轶事。话说当初陈敬仲订婚的时候，他的岳丈家曾卜过一卦，总的结果当然是大吉了，而其中的占词（对占卜结果所做的说明文字），有几句颇耐人寻味。占词中说，妫姓的后代（陈国是妫姓国），将在姜姓的齐国获得大发展，五世之后，他们的家族将与齐国最高等的贵族并驾齐驱，而八世之后，那在齐国就无人可以与之相提并论了。这很明显是在说陈氏（即田氏）将成为齐国的最高统治者，这不就是暗指田氏代齐吗？《左传》的作者一定是看到了田氏代齐的后果，否则他不可能写出如此准确的预言。所以，我们推断《左传》的成书在前386年之后，应该是有理由的。

我们再来看一个例子。《左传》襄公二十九年记载了吴国的公子札到鲁国访问的事。这位公子札，文化修养很高，他来到号称保存西周礼乐文化最为完整的鲁国，要求听一听各国的音乐。鲁人就让乐工演奏各国的乐章，于是乐工演奏了《周南》《召南》《邶》《鄘》《卫》《王》《郑》《齐》《豳》《秦》《魏》《唐》《陈》等十五国风。每一曲奏罢，公子札都要做一番评论，大都是赞美的话，唯独对于陈、郑二国，口吐不利之言。他听了《陈风》之后说，从陈国的音乐来看，陈国不会维持太久了。听了《郑风》之后，公子札说，郑国的音乐真美啊，只可惜格局太细小了，从音乐中可以听出，民众忍受不了他们的统治者，跟其他诸侯国比起来，郑国恐怕要先灭亡吧！历史事实是怎样的呢？只能说，公子札的预测太准确了。在他评论之后60余年，陈国就灭亡了。此后，与周、卫、齐、秦、魏等国相比，郑国果然先亡。郑国的灭亡是在公元前375年，此时周、卫等国都还存在，《左传》的作者应该是看到了郑国的灭亡的，那么，《左传》的成书，就是公元前375年之后的事情了。

不过，《左传》中的占卜和预言，也有少数没有应验的。这应该看做是《左传》的作者没有来得及看到事情发展的结果，我们可以由此来推断《左传》成书的下限。僖公三十一年《左传》记载，卫国受到狄人的侵扰，举国迁徙，在新址上进行占卜，占卜的结果显示，卫国的国运还可以维持 300 年。僖公三十一年是前 629 年，300 年后当是前 329 年，可是卫国的灭亡实际上是前 209 年的事情，这个占卜显然并不灵验。《左传》的作者一定生存于前 329 年之前，当时卫国可能积贫积弱，已经有了亡国的征兆，作者才大胆做出了国运 300 年的预测。倘若他生存在前 329 年之后，他肯定不会说卫国迁徙之后只有 300 年的。

另外一条没有应验的预言是这样的：《左传》文公六年记载，秦国的国君任好（就是那个有名的秦穆公，他是春秋五霸之一）死了，在临死之前，他曾遗命让奄息、仲行、鍼虎三人殉葬，而这三个人是秦国有名的贤者，当时很多人对此感到遗憾和不满，《左传》的作者以"君子曰"的形式发表评论说，秦国当权者这样不知爱惜人才，秦国此后不会再有东征之举了！但历史的发展却不是这样。《左传》的作者以为秦国的国势不可能再度振兴，无法向东发展，而偏偏就是秦国，后来从西向东扫平了六国，统一了天下。而秦国的东向进兵，始于秦孝公时期，经过商鞅变法，国势大振，受到了周天子的册封，此时是前 343 年。这种局面，《左传》的作者一定没有看到，倘若看到了，他绝不会预言"秦国从此不复东征"的。

清理一下《左传》中那些应验了的和没有应验的占卜、预言，大致可以把《左传》的成书年代限定在公元前 375 到公元前 343 年之间。如果战国时代从公元前 475 年算起的话，那么《左传》的成书可以说是在战国的中期。

20 世纪的一、二十年代，日本有一位学者，名叫新城新藏，做了一件很有意义的工作。他利用自己在天文历法方面的知识，通过考察《左传》中的"岁星纪年"，为《左传》作于战国时代的说法提供了强有力的佐证。岁星就是木星，中国的古人通过长期观察，发现岁星自西向东运行，每十二年一周天，于是就把整个的天宇分成了十二个等份，称为"十二次"，这十二次分别都有对应的名称：星纪、玄枵（xiāo 消）、诹（zōu 邹）訾（zī 姿）、降娄、大梁、实沈、鹑首、鹑火、鹑尾、寿星、大火、析木。木星运行到某一"次"，就称为"岁在某某"（例如木星运行到了"星纪"这个"次"，就称为"岁在星纪"，再过七年，就叫"岁在鹑首"），用这种方法来纪年，就叫做"岁星纪年"。但古人的这种纪年方法，并不是很精密的，因为实际上木星（岁星）运行一周天，并非十二年整，而是约11.86 年，也就是说，岁星一年实际运行了一个"次"还多出来那么一点儿。这样经过若干年后，岁星所在的位置，要比按照十二年一周天所推算出来的位置超前一"次"，这就叫做"超辰"。那么多少年超辰一次呢？现代学者很容易就可以计算出，大约是每 84 年至 85 年就会超辰一次。但是古人对此并不十分清楚。新城新藏发现，《左传》中有好几个地方都是用岁星纪年的，例如襄公二十八年，当时人梓慎就把那一年称为"岁在星纪"，昭公八年，晋国的史官将那一年称为"岁在析木"，这些都属于岁星纪年。据新城新藏的研究（他同时加进了《国语》中的材料），《左传》与《国语》中最早的关于岁星的记载为公元前 655 年，"岁在大火"，最晚为公元前 478 年，"岁在鹑火"，其间跨度有 178 年。按说这 178 年中应该有两次超辰，而在《左传》和《国语》中，一次也不曾有。这说明一个问题，就是《左传》《国语》中所记的岁星，并不是当时人实际观测所得，而是后世之人以某一年岁星的位置为标准逆行推步得来的。这作为标准的年份，新城新藏定在了公元前 366 年。而《左传》的撰作年代，他认为应当在此数年或十数年之后。[①] 这个结论，与前面提到的用占卜、预言推测出来的

---

① 参见沈玉成、刘宁：《春秋左传学史稿》，江苏古籍出版社，1992 年，第 389 页。

结果大致相合。

第三节　《左传》与《国语》的关系

　　先秦时代还有一本古书，记载了许多春秋列国的史事，这就是《国语》。《国语》这本书，分国记事，全书分为周、鲁、齐、晋、郑、楚、吴、越八语，分别记载这八个国家的史事。为什么叫"语"呢？"语"是当时史书的一种体裁。前面说过，古代的史官可能有分工，有的侧重记"事"，有的侧重记"言"。这种以记言为职责的史官，他们所保存下来的史册，就被称为"语"。周、鲁等八国的"语"汇集在一起，就是《国语》。《国语》是谁作的呢？按照司马迁的说法，《国语》的作者也是左丘明。司马迁在《史记》里曾两次提到，"左丘失明，厥有《国语》"。现在一般的理解，这里说的左丘，就是左丘明。在《汉书·艺文志》里，班固明确地标明《国语》的作者是左丘明。"左丘明"这个名字，也许就与他的失明有关。司马迁提到左丘明作《国语》，是跟周文王被拘禁的时候作了《周易》、孔子被困于陈蔡的时候作了《春秋》、孙膑受了刖刑之后作了《兵法》等等好几个类似的先贤发愤著书的事迹连在一起说的，看来，这位左丘明是一位了不起的学者，他是在遭受了失明的巨大痛苦之后，发愤创作了《国语》的。由于《国语》中记述了战国早期吴、越的事迹，这位左丘明更不可能是早于孔子或者与孔子同时代的人了。司马迁在列举先贤发愤著书的事迹的时候，从周文王、孔子一直说到屈原、左丘明、孙膑、吕不韦、韩非，基本上是按照时间顺序说的，所以有学者判断，这位作《国语》的左丘明，应该是与屈原、孙膑差不多同时代的人，[①] 这个推测是很有道理的。

《国语》记载的史事，大多是春秋时代的事情，有少数是西周晚期之事，叙事时代与《左传》基本相合。书中的内容有很多都可以和《左传》相互印证、补充，当然也有一些与《左传》相异的地方。所以自汉代以来，人们多把《国语》称为"春秋外传"，而把《左传》称为"春秋内传"。于是问题就来了：照司马迁的说法，《左传》的作者是左丘明，《国语》的作者也是左丘明，而且这两部书所记都是春秋时代的史事，内容也有相同之处，左丘明以一个失明之人，在当时简册繁重、书写艰难的情况下，他为什么要作了《左传》又作《国语》呢？对这个问题，唐宋以来的学者，就做过种种解释。有的说，左丘明搜集了大量的史料，其中有可以与《春秋经》相发明的，就用来作了《左传》；另外一些当时贤能人物的精彩言论、高明说辞，就汇集起来而成为《国语》。也有的说，左丘明把他采集来的各国之史，加以分别、筛选，其中精粹者撰为《左传》，杂芜者则汇为《国语》。说法尽管不同，但总使人觉得《左传》与《国语》似乎有某种亲缘关系。现代学者经过反复研讨，基本上已达成了共识，一般认为，《左传》与《国语》是两部各自独立的著作，两书的作者绝不是一个人，《左传》是为解经而作的，而《国语》则是一部记载有大量古人言论的史书。

---

① 　参阅王树民、沈长云点校《国语集解》之前言，中华书局，2002 年。

第四章　《左传》也是一部史学名著

第一节　《左传》让东周的历史鲜活起来

《左传》这部书，它的作意本来是为了解经的，但是因为它解的这部经有些特殊性（《春秋》原本是鲁国的史册），而且《左传》的解经，与《公》《谷》大不相同，是用史实来说话的，这样一来，《左传》就不可避免地具有了史著的性质。古来就有人强调《左传》是一部史书，今天的读者，就更多地着眼于《左传》中所记述的历史事实了。《春秋》虽然也是部史书，但它记载过于简略，简单到很多事让人摸不着头脑，例如前面提到的"郑伯克段于鄢"，《春秋》中的记载就只有这六个字，作为史书，实在是太简略了，赖有《左传》，我们才知道了此事的背景、原因以及具体的经过情形。读过《左传》，我们会觉得"郑伯克段于鄢"这个事件不再是干巴巴的了，而变成有血有肉的了。

大家都知道春秋时期有所谓"五霸"，就是齐桓公、晋文公、楚庄王、宋襄公、秦穆公这五位国君。如果你看《春秋》，五霸倒是都有迹可寻，只是简之又简。例如齐桓公吧，他是怎么上台的呢？在《春秋》里，会看到"齐小白入于齐"（庄公九年）的记载，小白是齐桓公的名字，"小白入于齐"，记的是他进入齐国、成为齐国君主的事，只此一句，再多就没有了。其实齐桓公的入齐，颇有戏剧性。看了《左传》我们才知道，原来，小白与子纠都是齐襄公的兄弟，齐襄公是个昏庸无道的君主，在一次宫廷内乱中被杀，小白和子纠都逃出了齐国，小白投靠了莒国，子纠投靠了鲁国。小白有一个重要的谋臣，叫做鲍叔牙；子纠有两个谋臣，是管仲和召忽。子纠试图依靠鲁国的兵力，重返齐国为君；而小白也不甘落后，他从莒国日夜兼行，抢先一步进入了齐国，成了齐国的君主。送子纠回齐的鲁军来到之后，与齐军大战，结果被齐军打得大败。鲁国只好求和，鲍叔牙提出了条件，说子纠是我们国君的亲属，不便让他回齐国，就由你们处理吧；而管仲、召忽是我们国君的仇人（管仲曾经在战斗中一箭射中小白的带钩，差点儿要了小白的命），希望交给我方处死，以报仇雪恨。鲁国慑于齐国的压力，就把子纠杀死了，召忽忠于主人，也慨然自尽。而管仲则要求被送回齐国。其实，这是鲍叔牙耍的诡计，他知道管仲很有才能，想把他弄回国来，为小白效力。管仲回到齐国之后，由于有鲍叔牙的极力推荐，齐桓公不计前嫌，重用管仲，成就了历史上一段佳话。后来管仲果然发挥他的治国才能，使齐国迅速强大了起来，齐桓公成了春秋时期第一位霸主。

公元前656年，齐桓公率领鲁、宋、陈、卫等诸侯之师，南下征楚，楚王也发动了大军，双方对峙于召陵。这次大规模的联合军事行动，奠定了齐国的霸主地位。关于此役，《春秋》上也有记载，不过是简单的两句话："公会齐侯、宋公、陈侯、卫侯、郑伯……伐楚"，"楚屈完来盟于师，盟于召陵"（僖公四年）。《春秋》里单称"公"，指的都是鲁国的国君，鲁君会合了齐、宋、陈等国的军队伐楚，楚军迎战，在召陵这个地方会盟。只是在看了《左传》之后，此役的起因、始末及细节才清晰起来。原来，这一时期的楚国，已经逐渐强大，试图向北发展，不时对郑国、宋国这样处于南北交会地带的国家构成威胁。齐桓公要做中原的霸主，就必须对这种当时还被视为蛮夷的楚国势力加以遏制，于是有了这次联合多个诸侯国家的征讨。楚国也是派出了大军，列阵于边境之上，但是看到联军的势力过大，楚王选择了求和。他派出了使节，来到齐军大营中，一脸谦卑地询问齐人到底因为什么要来讨伐楚国。管仲先是抬出了西周初年周王分封时对齐国的任命，说东至海，西至黄河，北至辽宁，南至湖北，这广大区域内的诸侯，齐国都有监督征伐之权。接着他列举了楚人的两条大罪：第一，不能按时按量地向周王进贡物品；第二，当年周昭王南征时，死在了楚国境内，楚人是负有责任的！楚使的回答，也很有意思，他来了个避重就轻，急急忙忙地答应，给周王的贡品一定足额进奉，而对昭王的死，却不肯应承，而是推在了汉水沿岸那些小国的身上。后来经过外交谈判，总算缔结了和约，楚人同意不再向中原发展，并承认了齐国的霸主地位。其实管仲的那些理由，都是些无稽的借口，他们真实的目的，就是要假借天子的名义，号令诸侯，也就是所谓"挟天子以令诸侯"，同时以"尊王攘夷"的名义，遏制楚国的势力向北发展。这曾经波澜壮阔的历史风云、生动曲折的历史故事，只有《左传》，为我们留下了一部分清晰的影像。

　　齐桓公在位 43 年，曾经 26 次主持诸侯的盟会，堪称一代霸主。他死于公元前 643 年，《春秋》上只是记载说："冬，十有二月乙亥，齐侯小白卒。"（僖公十七年）通过《左传》，我们可以知道，其实齐桓公也是个悲剧人物，他的晚年没有处理好继承问题，他死后，诸公子争立，发生内乱，齐国的霸业很快就衰歇了。

　　《春秋》记载了大大小小许多次战争，但是人们读史，不会满足于只知道战争发生的时间、地点以及交战的双方是谁，而是希望尽可能多地了解战争的细节。《左传》满足了我们这样的愿望。例如春秋时期两大霸主晋国与楚国的"邲之战"，《春秋》上的记载是："夏六月乙卯，晋荀林父帅师及楚子战于邲，晋师败绩。"（宣公十二年）《左传》对此役的记载则具体详细得多。当时正是晋、楚争霸时期，楚国讨伐郑国，晋国起兵救郑，实际上是要显示晋国对附属小国的保护。从《左传》可以知道，当时晋国的军队分为上、中、下三军，这三军的正副统帅就构成了晋国的"六卿"，而中军帅地位最高，也是晋国的最高执政。当时中军的统帅是荀林父，此外中军的副帅、上下两军的主帅和副帅，《左传》中都交代得明明白白。大军进兵的途中，传来了郑国已经与楚国媾和的消息。是否继续前进，去跟楚军作战，晋军的主帅与副帅意见分歧，将领们想法也都不一致，战、守两方面的准备都不充足。有的将领出于个人的目的，带领部分军队贸然挑战，被楚军打败，荀林父也只好率部仓促应战，结果被楚军杀得大败。晋军阵脚大乱，为了逃命，争船渡河，"舟中之指可掬"，用今天的话来说，舟中被砍下来的手指一捧一捧的，可以想见场面的混乱和惨烈。这场战役，《左传》做了清晰的记录和细致的描绘，这样的历史记载，是《春秋》那样简单的记事文字所无法比拟的。

第二节　多层面多角度地反映当时的社会

当年梁启超先生谈到《左传》，曾经总结了此书的三个特点，他说《左传》的第一个特点，是记事不以一个国家为中心，而是对当时几个主要国家，平均叙述。第二个特点，是记述虽然以国家大事为主，但并不局限于政治，而是常常涉及全社会的各个方面，对当时的典章制度、重要大事固然记载详细，而一些琐碎细节、甚至人物的只言片语，也保留了许多。第三个特点，是叙事完整、系统，而且有取有舍，懂得剪裁，可以看出是作者精心组织的著作。这些特点正是《左传》的杰出之处，高明之处，也是以前所有的史家都不曾有的。

下面我们就依循梁启超先生的思路，来分别考察一下这三个特点。在本节里，主要说说前两项。

先说说第一点。《左传》不以一国为中心，这很重要，只有这样，《左传》才称得起是反映一个时代的历史著作。我们在前面说过，《左传》本是为《春秋》作传的，而《春秋》是鲁国的国史，这样一来，《左传》就不可避免地要以鲁国为主体，叙事往往要站在鲁国的立场上，行文中凡述鲁国事，都写“我”如何如何，例如大家所熟悉的“曹刿论战”，一开头就说：“齐师伐我，公将战”，就是指齐军来讨伐鲁国，“公”则是说鲁国的国君。但这种立场并没有妨碍作者对当时各个主要诸侯国的历史作通盘的叙述。在《左传》中，我们不仅可以看到鲁国的内政、外交、军事种种史迹，还可以看到齐、楚、秦、晋、郑、卫、宋、陈、蔡等大大小小国家的史迹，他们之间的战争、盟会、交往、聘问，都是《左传》记述的内容。这里面记载最为详细的，应该属晋国和楚国，这也不奇怪，因为这两个大国在春秋时期地位非常重要，它们曾经长时间地相互争霸，左右着当时的政局。

再看第二个特点。《左传》作为一部史书，可以说多层面地、多角度地反映了春秋时代的历史。它虽然主要记载了军国大事，但并不局限于军国大事，我们从《左传》中，可以观察到当时社会各方面的状况，举凡经济、社会、文化、风俗、天象变异、自然灾害等等各种事件，在《左传》

中都有反映。从《左传》中可以看到春秋时期人们的生活状况、宗族关系、婚姻面貌、道德风尚、宗教信仰。《左传》的记载，不光是贵族的事迹，也涉及当时的平民，甚至奴隶。《左传》中记载国人的议政，国人的暴动，可以看出那时候的"国人"，对国家的存亡有着举足轻重的作用。《左传》襄公二十三年曾提到一个叫"斐豹"的人，说这个人是一个奴隶，"著于丹书"，应该是用红色笔登录他的名字，这大概是当时奴隶主控制奴隶的办法。后来斐豹替主人杀了劲敌，主人为此"焚丹书"。这分明告诉我们，原来中国古代也有类似于西方的那种"奴隶证书"之类的东西，"焚丹书"，应该就是解除了他的奴隶身份。《左传》隐公八年，记载着鲁国大夫羽父为"无骇"请族的事。族就是姓氏的氏，早先是贵族宗族的名称，我们今天"百家姓"的姓，有好多都是由"氏"演变而来的。"无骇"是鲁国的贵族，他死的时候，他的这一支宗族还没有名称，于是羽父就替他向国君申请一个氏名，由此引发了大夫众仲的一段非常有名的议论（"无骇卒，羽父请谥与族，公问族于众仲"）。正是因为有了这一段传文，我们才知道先秦"氏族"的命名，原来有如此种种方法和原则。这对我们了解先秦贵族社会的基本面貌，极有好处。

从《左传》里，我们还可以知道那个时候贵族的婚姻状况。那时候讲究的是男女"同姓不婚"，据说若是同姓结婚，那后代一定不会繁盛。所以你看鲁国的男子，往往要娶齐国的女子，因为鲁国是姬姓国，齐国则是姜姓国。晋国人与秦国人通婚是常态，因为晋国是姬姓，而秦国是嬴姓，可是你就从没见过晋国人跟鲁国人通婚的。贵族嫁女，往往还要有陪嫁的姑娘，就是所谓的"姪娣"，这个情况在《左传》中有明确的反映。那时候的女子，似乎还没有从一而终的观念，《左传》桓公十五年记载，郑国的大臣祭仲专横跋扈，国君郑厉公很是忌惮，打算把他干掉，于是就与亲信大臣雍纠密谋，设计要在郊外祭祀的时候杀掉祭仲。雍纠不是别人，他正是祭仲的女婿。雍纠回家后不经意间将这个计划透露给自己的妻子雍姬了。这下子雍姬可犯了难，一边是自己的丈夫，另一边是自己的父亲，该怎么办呢？她就去问母亲，说，爸爸与丈夫哪一个更亲啊？她母亲的回答是："人尽夫也，父一而已，胡可比也？"意思是说，可以做丈夫的人多得很呀，父亲就只有一个，怎么可以相提并论呢！雍姬听了母亲的话，就向祭仲检举了自己的丈夫，结果祭仲就把雍纠杀了。从这个故事里可以看出，那时候的女子并不把再嫁当回事的，"人尽夫也"，男人多得是，失去一个还可以再找。当然，也有观念不尽相同的，这在《左传》里也有反映。《左传》庄公十四年记载，楚文王灭了当时的一个小国息国，把息国的夫人息妫纳为妃妾，息妫为楚文王生了两个儿子，但是一直郁郁寡欢，从来不言不语。有一次楚文王逼问她是什么缘故，息妫回答说：我一个女人家，嫁了两个男人，就差一死了，还有什么可说的呢！还有一个故事：楚国的国都被吴军攻破，危难之中，有一个叫钟建的人背着楚昭王的妹妹季芈，逃了出去。后来吴军退走，楚王回到了国都，等到安定了下来，楚昭王提起了妹妹的婚姻之事。季芈说，作为一个女孩子，按照礼数，应该离男人远远的。钟建已经背过我了！言外之意，她是只能嫁给钟建的了。后来楚王果然遂了妹妹的心愿，把季芈嫁给了钟建。这一类的记事，还有不少，虽说算不上什么重大的历史事件，毕竟还是扩大了《左传》记事的范围，触及了社会生活的诸多方面。所以说作为历史著作，《左传》立体地、全方位地反映了春秋时代的历史。

　　《左传》作者的史料来源，应当是以当时存在的"典""志""语"

等不同体裁的史著为主，也不排除有传说、琐闻之类。唐朝有个学者，叫做啖助，他说，《左传》的材料来源，除各国史记之外，还有子产、晏子等各国卿佐的"家传"以及卜书、梦书、杂占书、纵横家、小说、讽谏等等。今天看来，啖助的意见基本上是对的。《左传》取材如此地广泛，这就难免使书中掺杂了一些荒诞神怪的内容。前面提到过的《左传》中的占卜、预言之类的描写，有很多都属于荒诞神秘的内容。此外我们可以再看几例。据庄公八年记载，当年鲁桓公到齐国去访问，齐襄公因为和鲁桓公的妻子有私情，派一个叫做彭生的人将桓公害死。后来鲁国追究起来，齐襄公就拿彭生顶罪，把他杀了。据说彭生的阴魂不散，在一次齐襄公打猎的时候显灵，随从们都看到了，纷纷嚷道："公子彭生来了！"齐襄公大怒，弯弓搭箭就要射，那彭生变成了野猪的模样，像人一样站立起来大哭，把个齐襄公吓得从车上跌了下来。再看两个关于"梦"的故事：成公十年春，晋景公做了个噩梦，把巫师招来，让他解梦。巫师听了景公叙述之后，很遗憾地说："国君的寿命将终，恐怕来不及尝到今年的新粮了！"不久景公就得了大病。到了六月，景公命人抢收小麦，赶紧磨了面，交给厨房的大师傅，让他们做熟了给他吃。他痛恨那个预言他就要死去的巫师，要以"预言不准确"治那巫师的罪。于是他把巫师叫了来，给他看用新麦做成的面食："你不是说我尝不到今年的新粮了吗？这就是新麦做成的面食！"说完就把巫师杀掉了。当他正要准备"尝新"的时候，突然感到肚子疼，就去了茅厕，居然掉进粪坑里摔死了，到底也没有吃到新粮。结果证明，还是那位被冤杀的巫师预言准确。宣公十五年，晋国的大夫魏颗在与秦人的战斗中，遇到了一个劲敌，就是秦军中的大力士杜回，紧要关头，魏颗影影绰绰看到一位老人，用草打成绳子，将杜回绊倒了，结果魏颗大胜，俘虏了杜回，而老人却不见了。这位老人是谁呢？原来，从前魏颗的父亲魏武子有一个爱妾，魏武子生病时，曾立遗嘱说，等他死后，让这个爱妾另嫁人。后来魏武子病重，临死前，他又改了主意，遗嘱要让这个爱妾殉葬。武子死后，魏颗还是按照父亲的初命，把这个父亲的爱妾嫁人了。那位帮助魏颗俘获杜回的老者，其实是个鬼魂，他托梦给魏颗，自称是那个被魏颗改嫁的妇人的父亲，前来报恩的。类似这样稀奇古怪的事情，《左传》里面记了不少，可见《左传》的作者对神鬼怪诞之事确有浓厚的兴趣，以致古人早就有"左氏浮夸"之讥。这些奇闻异事，当然不能当做信史看待，但对我们了解那时候的社会状况，也还不无裨益。例如我们可以从上述故事中知道那时巫师的地位，知道那时贵族尚保留有殉葬的陋俗，知道那时贵族的妃妾，在丈夫死了之后，也还是有改嫁的机会的。

　　《左传》的第三个特点，是叙事完整，细密周详，繁复曲折，而又不显芜杂，对材料的取舍、剪裁十分得当，这与《春秋》记事的简单、直接相比较，其高妙真不可以道里计。有时为了交代一件事情的前因，会有大段的追叙；有时为了说明一个事件的影响，也不惜多用笔墨补叙结果。因此，《左传》的叙事，显得比较有系统、有裁断。这些也可以说是《左传》在文学方面的成就，我们在下一章里还会谈到。

第三节　《左传》是编年体史书的鼻祖

　　唐朝有一位大史学家，叫刘知几，他曾把古代的史著分为六家：一为《尚书》家，二为《春秋》家，三为《左传》家，四为《国语》家，五为《史记》家，六为《汉书》家。在这里，他把《春秋》和《左传》算作了两家，这是很有见识的。因为《春秋》和《左传》虽然同为编年记事，实际上区别是很大的。《左传》记事详赡，取材广博，在那个时代，是一种极富创造性的新的史书体裁。《左传》继承了《春秋》依照年月顺序记事的优点，按照刘知几的说法，这叫做"系日月而为次，列时岁以相续"，同时又增加了大量的具体史实，其中的历史人物，有行为，有言论，甚至有心理活动，使历史事件"活"了起来。除此之外，《左传》中还增加了作史者对历史事件的分析和评论。这种分析和评论，采取了"君子曰"的形式。在一段记事之后，往往用几句"君子曰"来加以评论。这"君子"是谁呢？没有明说，但读者不难从中了解作史者对历史事件、人物等等的意见、态度。《左传》的影响是巨大的。汉人荀悦就是按照《左传》的路子，写出了一部汉代的编年体史书《汉纪》。此后中国古代的史家，采用《左传》这种编年体写作史书的，代不乏人，人们熟知的《资治通鉴》，就是这种编年体史书的杰出代表。所以说《左传》在中国古代史学史上，称得起是一部开山之作。

还有一点附带说一下。研究先秦历史的人，往往慨叹文献资料的缺乏，许多历史事件及情节都无法说得清楚。春秋时期这二百五六十年稍微好一点，就是因为有一部《左传》。春秋以前的古史，相关的文献记载就更少了，《史记》对尧、舜、禹、夏、商、周倒是都有比较系统的记述，当然都很简略，但是《史记》毕竟是汉代的作品，司马迁讲商周之际的故事，就如同我们今天讲唐宋的故事一般。而且《史记》中与古史相关的内容，有许多都是根据《左传》写成的。所以《左传》中一些反映上古历史的材料，也很受人们重视。例如关于炎、黄二帝，《左传》上有一些记载，说"炎帝以火纪”（昭公十七年），大约是以火为图腾；炎、黄两大部落之间曾经发生过战争，“战于阪泉”（僖公二十五年），阪泉在今天的河北涿鹿。《左传》记有郯国的国君追述其先祖少皞氏事迹的话，“我高祖少皞挚之立也，凤鸟适至，故纪于鸟，为鸟师而鸟名”（昭公十七年），今人由此知道了古代东方民族以鸟为图腾。此外，关于尧舜禹之间的禅让传说，尧的早期居住地是“冀方”（襄公六年），舜之杀鲧而用禹（僖公三十三年），这些远古时期的史迹，在《左传》中也都有遗存。因此，《左传》不单单是一部春秋史的著作，研究夏商周乃至传说时代的历史，也是离不开《左传》的。

第五章　当之无愧的叙事文学杰作

《左传》是为解经而作的，结果却成了一部有开创意义的编年体史书，在史学史上占有重要的地位。不仅如此，《左传》还是我国先秦时期杰出的文学名著。《左传》的出现，标志着上古叙事文学的成熟。《左传》的叙事，极具故事性、戏剧性，生动具体，详略得当；描写人物，性格突出，栩栩如生。《左传》的语言，简洁，生动，形象，具有丰富的表现力。

第一节　叙事的故事性、戏剧性

《左传》中有许多故事性、戏剧性极强的叙事，事情的前因后果、经过情形，交代得清清楚楚，什么地方该铺垫，什么地方该照应，哪里有曲折，哪里是高潮，该详则详，该略则略，都很有章法。例如我们前面说过的"郑伯克段于鄢"，就是一段完整的故事。作者为了说明郑伯与他的弟弟争斗的缘由，从郑伯的出生说起。原来，郑伯的父亲郑武公娶武姜为妻，生了郑伯与段两兄弟。武姜生郑伯时难产，受了惊吓，因此一直不喜欢这个大儿子，而偏爱段。武姜多次向郑武公进言，想把幼子立为太子，武公都没有答应。武公死后，郑伯做了郑国的国君，武姜多次向郑伯提出要求，要郑伯给段大片的封地，郑伯把段封在了京。京在当时是一个大都邑，规模远远超出了一个公子应得的土地，大臣祭仲就向郑伯进谏，说这样大的都邑封给段，将来要出大问题的。郑伯回答说："这是我母亲武姜要的呀，我有什么办法！"祭仲说："武姜何厌之有！您得赶紧想办法呀，别等他势力坐大了，就不好办了。你看地里的野草，若是任其生长，蔓延开来，想锄都锄不尽了，何况那段是国君的亲弟弟呢！"郑伯却轻描淡写地说："多行不义必自毙，你等着瞧吧。"后来，段不断地扩大自己的地盘，发展势力，郑伯的大臣们都忧心忡忡，有人甚至跟郑伯说："您要是想把国君的位子传给段，那我们就去侍奉段好了。要是不想传位给他，那就请赶紧把他除掉，不能再拖啦！"郑伯还是不紧不慢地说："用不着，他自己会垮台的。"经过了充分的准备，段觉得自己已经羽翼丰满，于是就公开叛乱了，他勾结武姜，打算内外夹攻，夺取政权。郑伯见时机成熟了，便发动大军征讨，在鄢这个地方将段打败，段逃亡到别的国家去了。事情叙述到这里，还没有完结，参与叛乱的郑伯之母怎么样了呢？《左传》接着往下讲。由于母亲曾经要给叛乱的共叔段做内应，郑伯愤恨地与母亲绝交，声称："不及黄泉，无相见也！"黄泉是指地下，意思是说至死不再见面了。不过，很快地，郑伯就后悔了，毕竟是亲生母亲，怎么能永不见面呢！但自己已经发过誓，誓言可是不能轻易违背的呀，这让郑伯感到十分痛苦。有一个叫颍考叔的人，前来拜见郑伯，郑伯请他吃饭，他把好吃的食物都包起来，准备带走。郑伯问其故，颍考叔说："小人有老母，还没吃过这么好吃的东西，我要带回去给母亲尝尝。"这勾起了郑伯思念母亲的心思，就把自己发过誓、现在又后悔了的事情跟颍考叔说了。颍考叔说："这还不容易！不是要到黄泉才相见吗？您就让人掘地三尺，挖成隧道，你们娘俩就可以在隧道里见面了呀！"郑伯觉得有理，于是派人挖地道，与他的母亲相见于地下，母子和好如初。这是一个完整的故事，有头有尾，有人物有情节，而且还很有一点戏剧性呢！

《左传》中像这一类的叙事很不少，我们再举一例看看。春秋五霸中有一个晋文公，曾是一位叱咤风云的霸主，可是他在即位为君之前，曾有过一段历尽磨难的经历。《左传》对此讲述得很详细，使人充分了解了这位霸主的成长历程。事情还要从晋文公的父亲晋献公说起。献公有三个儿子，长子申生，被立为太子；次子重耳（就是晋文公）、三子夷吾，与申生同父异母，他们的母家是当时的戎狄。献公后来又宠爱一个叫骊姬的女人，骊姬为献公生了个儿子叫奚齐。骊姬想让献公立奚齐为太子，于是就千方百计地离间献公与申生等人的关系。她先是借口都城以外的曲沃、蒲城、屈这三个地方位置十分重要，让献公分派申生、重耳、夷吾三人前去驻守；此后又设诡计陷害三个公子。有一次申生在曲沃祭祷神灵，事毕按照当时的习俗，"归胙于公"，就是在祭祀活动结束之后，把祭神的供品拿出一部分来献给国君。恰好献公外出打猎，祭品就留在了宫中。骊姬就趁机将毒药放在了祭品中。献公回来之后，骊姬进谗言，说太子进献的食物不可轻易食用，于是献公就先用狗来试验，狗吃了之后当然就被毒死了。又拉来一个奴隶试吃，奴隶也登时毙命。于是骊姬哭着对献公说："这明摆着是太子要害您的命啊！"此事发生之后，太子申生就蒙上了一个弑君的罪名。申生为人懦弱，又有愚忠愚孝的思想，他不愿为洗刷自己而让父亲失去他的宠妃，又不肯背负弑君的罪名逃亡国外，结果竟自尽了。骊姬还不算完，她又向献公进谗言，说此事重耳和夷吾都知情，这样一来，重耳和夷吾在晋国就呆不下去了，从此开始了流亡国外的生活。

　　《左传》详细记述了重耳出亡以及后来返国为君的故事，整个故事的跨度长达十九年。在这十九年中，重耳流亡历经狄、卫、齐、曹、宋、郑、楚、秦等国，传文记载了重耳和他的谋臣在各国受到的不同的待遇，写出了重耳的性格特征，也写出了他的臣子们的谋略与见识。这些生动的记事为后来重耳的成为中原霸主做了很好的铺垫，也为此后晋与诸国的关系埋下了若干伏笔。例如他路过卫国的时候，卫国的国君对他很不礼貌，也不肯资助他。腹中饥饿难耐时，重耳只好向种地的农夫（《左传》里称之为"野人"）乞讨，而农夫们耍笑他，递给他一块土坷垃（"野人与之块"）。重耳大怒，要鞭打农夫，而他的谋臣子犯赶紧拦住他，说："这是老天爷要赐予我们土地的意思呀！"不仅不怪罪农夫，反而稽首拜谢，把那土块载于车中，继续前行。重耳本是大国的公子，逃亡在外，竟至乞食于野人，可见其落魄的程度了。子犯所为，实际上是教导重耳要忍辱负重，重耳也就暂时忍下了这口气，表明重耳还是很有些度量的。不过，《左传》记载此事，也是为将来晋文公复国以后的伐卫张本。重耳在齐国的经历，应该说是他流亡生活中最惬意、最舒服的一段时间。齐桓公很看重重耳，待他甚为优厚，把齐女嫁给他，还送给他财物，重耳有了苟安于齐的想法。但他的从人认为这样不可取，于是在桑树之下商议，怎样能离开齐国到别的国家去，恰好被在桑林采桑的女奴听到了。女奴将这些从者的话告诉了重耳之妻姜氏。姜氏担心走漏消息，竟杀了这个女奴，劝重耳不可贪图安逸，误了复国的大事。重耳听不进去，姜氏就与子犯商议，用酒把重耳灌醉，载他逃出了齐国。重耳醒来，气得用戈要追杀子犯。这段叙事，写出了重耳性格中的弱点，也写出了从臣的谋略，同时表现出了姜氏的所谓"深明大义"，以及当时的贵族视奴隶的生命如草芥的情况。这样的叙事，显然已具备很强的戏剧性了。此后重耳又游历了曹国、宋国、郑国、楚国、秦国，所到之处，或被轻视，或遭侮辱，或受到款待，或受到资助，总之尝遍了人生酸甜苦辣种种滋味，丰富了阅历，增长了才干，可见后来重耳能够成为中原霸主，并非偶然。这种复杂的经历，甚至还影响到了此后晋与诸国的关系。

第二节　描写战争是《左传》一大特长

春秋时期，战争非常频繁，记录这个时期的史事，不可避免地要对战争格外留意。《左传》描写战争，有繁有简，张弛有度，几次大的战役，如晋楚"城濮之战"（僖公二十七、二十八年），秦晋"殽之战"（僖公三十二、三十三年），晋楚"邲之战"（宣公十二年），齐晋"鞌之战"（成公二年），晋楚"鄢陵之战"（成公十六年），都有非常生动具体的记述和描写。例如城濮之战，起因是晋、楚争夺霸权，楚军向北发展，侵犯宋国，晋国以救宋的名义，联合其他诸侯的军队，跟楚军在城濮打了一场大仗，晋军获胜，从而奠定了晋文公的霸主地位。《左传》对城濮之战的描写，不惜笔墨，先是写了楚军准备伐宋，令尹子玉"治兵于蒍"，就是在蒍这个地方整饬军队、演习阵法，子玉表现出了"刚而无礼"，已经为这场战争投下了失败的阴影。接着又记晋军"蒐于被庐"（"蒐"与"治兵"意思相近），任命三军统帅，晋国的大臣们相互谦让，唯贤是举。于是战争还没有开始，在将帅的任命上，晋国就已经占了先机。《左传》不仅将战争的起因、过程、结果都交代得清清楚楚，而且把交战双方将士的对话、情态都描绘得栩栩如生，楚军的张狂轻敌，晋人的老谋深算，跃然纸上。

我们可以试看下面一段文字：

> 己巳，晋师陈于莘北，胥臣（晋国的将领）以下军之佐当陈、蔡
> （陈、蔡是楚的盟军）。子玉（楚军主将）以若敖之六卒将中军，曰：
> "今日必无晋矣！"子西（楚军将领）将左，子上（楚军将领）将右。
> 胥臣蒙马以虎皮，先犯陈、蔡。陈、蔡奔，楚右师溃。狐毛（晋军将领）
> 设二旆而退之。栾枝（晋军将领）使舆曳柴而伪遁，楚师驰之，原轸、
> 郤溱（二人及下二狐均晋军将领）以中军公族横击之。狐毛、狐偃以
> 上军夹攻子西，楚左师溃。楚师败绩。

这段话是说，己巳这一天，晋国陈兵于莘北，晋军的几位将领各当一面。楚军则是主将子玉居中，副帅子西、子上一左一右。子玉发出豪言壮语，说："今天晋人一定是有来无回了！"战斗打响了，先是由晋将胥臣用虎皮蒙在战马身上，向楚人的盟军陈、蔡发起冲锋，陈军、蔡军败退。晋将狐毛率领前锋战车阻挡溃退的楚国右军。晋军设下一计，先是派人用车拖着柴禾假装逃跑，远远望去，烟尘蔽天，吸引楚军来追，然后晋军主力合力夹击，楚军大败。

短短的几行文字，将一场大战的始末经过，包括各支部队的作战情况，都勾画得明明白白。这种高超的叙事手法，标志着《左传》确已达到了古代叙事文学的高峰。

《左传》记述战争，还很注重细节的描写。例如写晋、楚"邲之战"中，晋军将领知庄子的儿子被楚军擒获，知庄子带领族兵冲入敌阵：

厨武子（知庄子的副将）御，下军之士多从之。每射，抽矢，菆（好箭），纳诸厨子之房（房指箭囊）。厨子（即厨武子）怒曰："非子之求，而蒲之爱，董泽之蒲（制箭杆的材料），可胜既乎！"知季（即知庄子）曰："不以人子，吾子其可得乎？吾不可以苟射故也。"射连尹襄老（楚军将领），获之，遂载其尸；射公子谷臣（楚王之子），囚之。以二者还。

知庄子深知要想在战后换回自己的儿子，手中一定要有相当的筹码，因此他的目标直指楚军中的重要人物。他每抽出一支箭来，总要先看一看，如果这是箭杆笔直的好箭，就舍不得用，而是把这支好箭暂存于御者厨武子的箭囊之中。厨武子不明白，说你不赶紧想办法夺回你的儿子，还在这吝惜好箭，难道董泽里的蒲柳用得完吗（蒲柳是制造箭杆的原料）！知庄子回答说，好箭一定要用在关键的地方。结果他射杀了楚军的将领连尹襄老，捕获了楚王之子，最终将自己的儿子交换回来。像这样生动的细节描写，在《左传》中俯拾即是。

第三节　鲜明生动的人物形象

《左传》中所述人物，有人做过统计，大约有1400余人。这里面有诸侯，有卿大夫，有平民，有奴隶；有朝廷里的高官，也有军队中的武士；有洞察幽隐的智者，也有怙恶不悛的恶人；有男人，也有女人，形形色色，林林总总。其中有些人物，作者着力刻画，写得极其生动传神，使人如见其面，如闻其声。

　　《左传》写了形形色色的诸侯国君，有历经磨难、终成霸业的晋文公，也有残暴荒唐的晋灵公，有虚心改错的秦穆公，也有迂腐守正的宋襄公，无不符合历史真实而又形象鲜明。左氏笔下的卿大夫，更是千人千面，各具特色。大义灭亲的石碏，忠贞不二的荀息，专权欺主的祭仲，儒雅恬淡的季札，粗鄙无文的庆封，博学多识的叔向，忠诚敢谏的赵盾，机智多谋的晏子，好色拒谏的崔杼，力大无比的魏犨，英勇善战的高固、解张，洞达世事的士会、子产，许许多多的人物，演出一幕幕精彩绝伦的历史剧。不仅是贵族，小人物在《左传》中也有许多亮点，像郑国的商人弦高，赶着牛羊出去贩卖，路遇前来偷袭郑国的秦军，弦高就假托郑君的名义，以十二头牛犒劳秦军，使秦人误以为郑国已经知道了秦军的行踪，遂放弃了偷袭的计划，弦高就这样救了自己的国家。又如晋国的鉏麑，仅是一介武夫，晋灵公残暴不仁，执政赵盾屡谏，灵公非但不听，反而派鉏麑行刺赵盾。鉏麑在凌晨时分潜入赵府，看到赵盾正襟危坐，准备上朝，突然良心发现，觉得杀害国之良臣，实在是伤天害理，但是君命又不可违，于是选择了"触槐而死"，直令千载之下的读者，不能不为这位忠义之士动容。此外如鲁国重馆人（旅社的管事人）的深谋远虑（僖公三十一年），莒国老妇的矢志复仇（昭公十九年），许许多多这样的人物，都能给读者留下深刻印象。

第四节　高超的语言表达技巧

　　《左传》的语言，也表现出极强的文学性。宣公十二年记晋、楚邲之战，晋军战败，渡河逃跑，但船只数量有限，眼看楚军追至，于是"中军、下军争舟，舟中之指可掬也"（掬的意思是用双手捧）。作者并不直接描写败军的乱象，也不渲染大呼小叫的喧嚣，只"舟中之指可掬"几个字，就将当时人人争抢上船，船上已人满为患、急于开船而仍不断有败兵攀船舷欲上，已逃上船的人竟残忍地举刀砍向攀船者之手，以致船中的手指可以捧拾的惨状描摹尽至了。这一年，楚王又率军伐萧，天气寒冷，士兵军衣单薄，楚王为鼓舞士气，亲自巡视三军，士兵受到激励，士气大振，《左传》的描写则是"三军之士皆如挟𧵳"。𧵳是丝绵，这是说三军将士感到温暖，都如同披上了绵衣一般。僖公三十二年记秦军出兵袭晋，年迈的蹇叔知道此役秦人必败，于是苦苦向秦君谏诤，但秦君并不听从，反而怪他老而多事，骂他无知，并说："中寿，尔墓之木拱矣！"（你要是中等寿命的话，你坟墓上的树已经合抱了！）僖公五年记晋国向虞国借路伐虢，引"唇亡齿寒"的古谚来说明虞、虢两国的关系。《左传》中这类的文字，形象生动，表现力都极强。

《左传》写人物对话，精炼，传神，口语化意味极浓。且看成公十六年记晋、楚鄢陵之战：

> 楚子登巢车，以望晋军。子重使大宰伯州犁侍于王後。王曰："骋而左右，何也？"曰："召军吏也。""皆聚于中军矣。"曰："合谋也。""张幕矣。"曰："虔卜于先君也。""彻幕矣。"曰："将发命也。""甚嚣，且尘上矣。"曰："将塞井夷灶而为行也。""皆乘矣，左右执兵而下矣。"曰："听誓也。""战乎？"曰："未可知也。""乘而左右皆下矣。"曰："战祷也。"

这段描写很有意思。晋军的动静，没有直接去描述，而是通过两个人物的对话，使人如同看见了敌军的种种活动、感受到了大战将临的紧张气氛一般。楚子登上了巢车，遥望敌军的阵地，他的身后站着谋臣大宰伯州犁，文中的"王曰""曰"，就是记楚王与伯州犁的对话，"王曰"以外的那几个"曰"字，并没有主语，有几句话甚至连"曰"也不写，可是话是谁说的，读者却完全能够了然，而且楚子之不安、伯州犁之熟谙军事、晋军之奋勇无前，均跃然纸上，其文学性是显而易见的。

唐朝的文学家韩愈说"左氏浮夸"，似乎有贬义，但从另一方面来讲，也说明《左传》叙事详赡，描写细致，虽不免"浮夸"之嫌，却也使《左传》的记事增加了不少文学性。叙事详赡不等于繁琐拖沓，从语言这个角度来看，《左传》记事虽繁，却往往有极简洁峭峻的笔法。我们再来看一段庄公八年的传文，这里记的是齐国襄公时的内乱：

齐侯使连称、管至父戍葵丘。瓜时而往，曰："及瓜而代。"期戍，公问不至。请代，弗许。故谋作乱。僖公之母弟曰夷仲年，生公孙无知，有宠于僖公，衣服礼秩如適，襄公绌之。二人因之以作乱。连称有从妹在公宫，无宠。使间公，曰："捷，吾以女为夫人。"冬，十二月，齐侯游于姑棼，遂田于贝丘。见大豕，从者曰："公子彭生也。"（齐侯指使加害于鲁桓公者）公怒，曰："彭生敢见！"射之，豕人立而啼。公惧，队（坠）于车，伤足，丧屦。反，诛屦于徒人费，弗得，鞭之，见血。走出，遇贼于门，劫而束之。费曰："我奚御哉！"袒而示之背，信之。费请先入。伏公而出，斗，死于门中。石之纷如死于阶下。遂入，杀孟阳于床。曰："非君也，不类。"见公之足于户下，遂弑之。

而立无知。

　　这是一段完整的故事，连称、管至父勾结公孙无知作乱，杀掉了齐侯（襄公）。过程挺复杂，但用字极凝炼，我们看描写齐侯打猎受伤以及最后被杀那一段，没有长句子，都是一两个字，三四个字，就把事情交代清楚了：襄公受到了惊吓，从车上摔了下来，脚受伤了，而且鞋子也丢了，回来之后，他让仆人（徒人费）去找鞋子，没有找到，于是就鞭打徒人费，以致背上血痕累累。徒人费出门时，正好遇到了那些前来杀襄公的叛乱者，这些叛乱者就把他捆了起来。徒人费假意说自己也恨透了襄公，并撩开衣服让他们看自己的鞭痕，这些叛乱者就相信了他。于是徒人费要求自己先进入宫中搜寻国君，得到了允许。他进宫之后，把襄公藏了起来，然后自己出来与叛乱者格斗，结果被杀死。当然叛乱者后来闯进了宫中，也把那个齐襄公杀死了。短短的几行文字，不仅讲述了事情的经过，而且齐侯的暴虐，徒人费的忠诚，完全表现了出来。唐人刘知几在《史通》里称赞《左传》，说"其言简而要，其事详而博"，"言近而旨远，辞浅而义深，虽发语已殚而含意未尽"，可以说是比较准确的。

第六章　《左传》的思想倾向

《左传》主要是以史事解经，使它成了一部编年体的史学巨著。作者运用生花妙笔，写故事，描摹人物，使它成了一部叙事文学的巨著。《左传》不像《公羊》《谷梁》那样专门解说经义，是不是表明《左传》这部书缺乏思想呢？还真不能这样说。《左传》也有少量的解经语，有一些以"君子曰"等形式所做的评论，除此之外，《左传》的记事本身，往往就能反映出作者对所记事件的态度，或者说，《左传》记事并不是站在纯粹客观的立场上的，赞成什么，反对什么，同情什么，鄙视什么，有着十分明显的倾向性，《左传》的思想就是从这种倾向性中体现出来的。当然，《左传》的思想倾向比较复杂，历代的经学家，都有人指出《左传》思想不够纯正的地方，今文家更是将《左传》排除在儒家经典之外。这也不奇怪，《左传》的作者虽然尊孔，但在某些地方确实又与孔子的思想存在着一定的距离，比方说孔子不语"怪力乱神"，《左传》的作者却喜欢谈论神鬼怪异之事，这反映出《左传》的作者还算不上是"醇儒"；不过总的说来，《左传》的思想基本上是属于儒家的，左氏宣扬的是儒家的政治主张，维护的是儒家的道德规范。对《左传》的思想倾向进行分析是一项非常复杂的工作，以下仅选取几个方面，对《左传》所展现出来的思想观念上的特点做个简要的说明。

第一节 天道观

所谓天道观，就是对天命、鬼神这类神秘事物的看法。上古中国人迷信天命鬼神。商人热衷于占卜，几乎是凡事都要占卜，今天我们看到的甲骨文，绝大多数都是当年商人占卜的遗物。周人迷信天，把天看做是有意志的至上神，天监视着人间的一切，可以降祸，也可以降幅。地上的统治者，是天的儿子，是代天对民众进行管理的，所以周王也被称为"天子"。《左传》的作者对天命、鬼神的看法，似乎很复杂，也有矛盾之处，既有尊鬼事神的迷信的一面，又有重人事、轻鬼神的一面。书中描写的人物，也是这样。有的仍旧笃信天命鬼神，有的则抱一种较为客观的审慎的态度。《左传》一书记灾异神怪之事很多，且多有占卜、说梦、预言之类，表明作者对这类东西有极大之兴趣，但同时也表达了很多重人事、轻神异的朴实的带有唯物主义色彩的思想。这也好理解，春秋战国时期，本是一个大变动的时代，社会思想（包括对神、人关系的看法）的变化也十分剧烈，作者生当其时，受到各种思潮的影响是完全可能的。

僖公十六年《春秋》记载了这么两件怪事："陨石于宋五"，"六鹢退飞过宋都"。第一件事是说在宋国落下了五颗陨石，第二件事是说有六只"鹢"倒着飞过了宋国的国都。在当时，这都属于怪异的现象，人们往往要探究其中的原因。《左传》给出的解释是："陨石于宋五，陨星也；六鹢退飞过宋都，风也。"前者指明是陨星，后者则说因为风力太大这六只鸟倒着飞。这两件事都发生在宋国，当然宋人就显得更加关注。《左传》

在做了如上的解释之后，又记了这样一件事实："周内史叔兴聘于宋，宋襄公问焉，曰：'是何祥也？吉凶焉在？'对曰：'今兹鲁多大丧，明年齐有乱，君将得诸侯而不终。'退而告人曰：'君失问。是阴阳之事，非吉凶所生也。吉凶由人。吾不敢逆君故也。'"叔兴是周王的史官，他到宋国去访问，正好赶上宋国发生这两件怪事，宋襄公就让他来断一断吉凶。叔兴不敢违背宋君的意志，做了一番预测。他说这两件怪事，预示今年鲁国会有大丧事，明年齐国会有内乱，国君您将会得到诸侯的拥戴，可惜不能长久。叔兴在做了这一番预测之后，出来私下里对人说，宋君不应该这样发问的，陨石落地、六鹢退飞，这都是"阴阳之事"（即今所谓自然之事），无关乎人事的。人世间的吉凶是由人本身行事决定的。我之所以要这样说，是因为不敢违拗国君的意愿，他要测测吉凶，我就只好瞎说一气了。叔兴的话，可以说是当时很多贤人、智者的共识。

　　昭公十八年，宋、卫、陈、郑等国发生了火灾。在此之前，郑国的大夫裨竈曾对这次火灾做过预测，并向当时的执政子产进言，说宋、卫、陈、郑四国将在同一日发生大火，我们郑国如果用"瓘斝玉瓒"（珍贵的礼器，用以盛酒）来祭神，就可以禳除火灾。但是子产不肯，结果郑国发生了火灾。事后裨竈又说："如果还不照我说的办，郑又将有火灾。"于是就有人劝说子产，何必吝惜那些宝物，要是再发生火灾，郑国可就要亡国了呀。但是子产坚持认为这种祭神与火灾无关，他说："天道远，人道迩，非所及也，何以知之？竈焉知天道？是亦多言矣，岂不或信？"意思是说，天道是很幽远的，而人间之事则很近，这两者怎么会有联系呢？裨竈他怎么可能知道天道？他上次预言对了，不过是因为说得多了，偶尔也会有说准的时候。子产不肯祭神，而郑国也终于没有再发生大火灾。《左传》记这件事，意在表彰子产的见识，可见这种天道、人道两不相干的认识，也为《左传》的作者所认同。

《左传》庄公三十二年记有这样一件事情："秋七月，有神降于莘。"这个"神"究竟是怎样的形象，究竟是哪方的神圣，《左传》上没有说。莘是虢国之地，而当时的虢国之君是一个暴虐的君主，人们对虢的前景普遍都不看好。当时的周惠王听说了这件事以后，就问内史过（此人官职是内史，过是人名）是怎么一回事，内史过回答说，一个国家将要兴旺发达，神就可能降临，来考察君主的"德"到底怎么样；若是将要灭亡，神也会降临，来看一看君主的"恶"到了什么程度。这种事自古以来都有。也就是说，"有神来降"，可能是好事，也可能是坏事，全看人的行为怎样。而那位虢国之君呢，去向这个"降于莘"的"神"祈求"土田"，而"神"也答应赐给虢君土田，虢君非常高兴。内史过听说以后，却做出了完全相反的预测，他说："虢必亡矣，虐而听于神。"而虢国的史官史嚚也做出了相似的判断，他说："虢其亡乎！吾闻之，国将兴，听于民；将亡，听于神。神，聪明正直而壹者也，依人而行。虢多凉德，其何土之能得？"史嚚的话清楚地表明，当时的有识之士对民非常重视，"听于民"是国家将兴的表征，而一味"听于神"，则是亡国的征兆。同时，在神、人的关系上，神是"依人而行"的，也就是说，国家的命运主要是看人（当然主要是指统治者）的行为，虢君多"凉德"（薄德，缺少仁义），即使神答应了赐给他土地，他也无法保有。果然，不久之后，虢国就被晋人灭亡了。可以看出，《左传》记载这件事情，并不是要否定神的存在，而是要表明，神道与人事相比，在国家的政治生活中，人事更重要，往往会起决定性的作用。

第二节　礼治观

在儒家的思想中，"礼"是一个极其重要的范畴。礼的内容很广泛，包括礼仪、礼义、礼器、某些政治制度、风俗习惯以及行为规范。孔子思想的核心是仁，但达到仁的境界的路径却是礼。所谓"克己复礼，天下归仁"。大家知道，春秋是个礼崩乐坏的时代，旧时的"礼"遭到了前所未有的破坏，越来越多的人不再依礼行事了。而孔子则对"礼"情有独钟，他的理想是恢复周代的礼，希望社会能够回到昔日讲究周礼的时代。在政治上，孔子认为治国要依礼而行，这叫"为国以礼"①；对民众，他主张"道（导）之以德，齐之以礼"②；对统治者，他提出"上好礼，则民莫敢不敬"③，"上好礼，则民易使也"④。在君子人格的修养上，孔子主张"学礼"，他说："不学礼，无以立。"⑤就是说，不学礼，就无法形成完善的人格，作为一个君子，应该严格做到"非礼勿视，非礼勿听，非礼勿言，非礼勿动"⑥。孔子的这些思想，在《左传》中都得到了充分的反映。

《左传》中言"礼"随处可见，有人统计，书中提到"礼"字就有462次，这还不算"礼经""礼书""礼食"等复合词。《左传》的作者在叙述一件事之后，往往会做一番简要的评论，有的是直接说，有的是以"君子曰"

---

① 《论语·先进》。
② 《论语·为政》。
③ 《论语·子路》。
④ 《论语·宪问》。
⑤ 《论语·季氏》。
⑥ 《论语·颜渊》。

的形式表达出来，这些评论大多归结为"礼也""非礼也"，也就是是否合乎"礼"，用这样的方式来表达作者对所叙史实的态度。例如，隐公六年，《左传》记载了周王的统治区发生了饥荒，周王向鲁国发出了通报，于是鲁公"为之请籴于宋、卫、齐、郑"，也就是鲁公为周王向宋、卫、齐、郑四国征购粮食。《左传》在记述此事之后，用了两个字加以评论："礼也"，表明对鲁君此举的肯定态度。桓公八年，周天子派祭公到纪国娶妇，鲁君作为同姓诸侯主持婚事，这是符合周礼的，所以《左传》说："祭公来，遂逆王后于纪，礼也。"其他如桓公九年："冬，曹太子来朝。宾之以上卿，礼也。"僖公四年："许穆公卒于师，葬之以侯，礼也。"僖公九年，鲁君与齐、宋、卫、郑等国的君主盟会，"夏，会于葵丘，寻盟，且修好，礼也"。都是赞赏这些行为合乎礼制。僖公二十一年，邾人灭了小国须句，须句子来投奔鲁国，第二年，鲁君率兵讨伐邾国，夺回了须句，恢复了须句子的君位，左氏也称赞说"礼也"。《左传》作者此类的评语还有很多，这些评语表明，左氏对于符合"礼"的行动，都要给予肯定的评价。相反的，左氏认为不正确或者应该"贬"的行为，则多评之曰"非礼"，这方面也有很多例子。《春秋》隐公五年有一条"公矢鱼于棠"，这里的"矢鱼"，按照《左传》的解释，就是"陈鱼而观之"，也就是设置捕鱼之具，观看捕鱼以为乐。在正面记载了臧僖伯的谏辞之后，《左传》评论说："书曰'公矢鱼于棠'，非礼也。"桓公二年夏四月，鲁国从宋国取得宋人贿鲁的郜大鼎，并将此鼎"纳于大庙"，左氏以为"非礼"，并通过臧哀伯之口，说出了国家不能将受贿所得之物放置于太庙的大道理。桓公三年，鲁君娶齐僖公之女姜氏为妇，齐僖公亲自送女到鲁地讙，《左传》的记载是："齐侯送姜氏于讙，非礼也。"因为按照周礼，诸侯嫁女，只须由下卿送之，"公不自送"。桓公十五年春，"天王使家父（家父是人名）来求车"，这是说天子派大夫家父来向鲁国索要车马，《左传》评论说："非礼也。诸侯不贡车服，天子不私求财。"庄公二十三年，秋，"丹桓宫之楹"，次年春，"刻其桷"，左氏曰："皆非礼也。"这是对鲁国逾制对桓公之庙进行奢华的装饰提出的批评。庄公三十一年，齐国与山戎交战，取得了胜利，由于此役有鲁国的合作，故齐人将一批战俘送给了鲁国。《左传》对此举持批评态度，因此评论说："齐侯来献戎捷，非礼也。"僖公二十二年，在宋人与楚人的"泓之战"中，"郑文夫人芈氏、姜氏劳楚子于柯泽，楚子使师缙示之俘馘"，也就是向这两个妇人展示战争的俘虏。左氏大不以为然，借"君子"之口说："非礼也。妇人送迎不出门，见兄弟不逾阈，戎事不迩女器。"僖公二十八年，晋文公侵曹，俘虏了曹伯，有人向他进言，称"合诸侯而灭兄弟（曹与晋均为姬姓，故称兄弟之国），非礼也"，于是晋文公接受了这一意见，恢复了曹国的地位。《左传》记载此事，对晋文公完全持一种肯定的态度。文公八年，周襄王去世，次年天子的大夫毛伯卫来鲁国索要财物，以供襄王葬事之用。可见此时的天子，势力已极衰弱，为了办丧事竟不得不向诸侯要钱，这显然是与周礼相悖的。《左传》就此评论说："毛伯卫来求金，非礼也。"因为天子是不可以私下向诸侯索要财物的。宣公十五年，鲁国"初税亩"，这是中国古代史上非常著名的事件，为人所熟知。一般认为，"税亩"就是按亩收税，这样就打破了传统的以劳役地租为特征的井田制度，是一种进步，但此举显然违背了传统的周礼，所以《左传》说："初税亩，非礼也。"

在《左传》的作者看来，礼是贵族安身立命的根本，同时也是国家存在的基础，"守礼""循礼而行"是贵族之所以成为贵族的基本条件或者说是本质属性，是维护统治秩序的根本保证。《左传》中此类的议论很多，有些是左氏直接发的议论或者用"君子曰"形式表达的意见，有些则是借传中人物之口说出的。隐公十一年"君子"曰："礼，经国家，定社稷，序民人，利后嗣者也。"昭公十五年，引贤臣叔向的话说："礼，王之大经也。"这位叔向还说过："礼，政之舆也；政，身之守也。怠礼，失政；失政，不立，是以乱也。"（襄公二十一年）这是说，礼好比载着政权的车子，失去了礼，政权就会倾覆。而政权呢，又是贵族安身之本，没有了政权，一切也都无从谈起了。礼是用来治理国家的，所谓"礼以体政"，所谓"礼可以为国""礼所以整民"，体政、为国、整民，都有治理国家、管理民众的意思。昭公二十六年，齐侯与晏子对坐，晏子谈到当时的权臣陈氏由于有德于民，将来可能要取齐国而有之，于是齐侯问计于晏子。晏子回答说："唯礼可以已之。在礼，家施不及国，民不迁，农不移，工贾不变，士不滥，官不滔，大夫不收公利。"齐侯好像一下子明白过来了，他说："吾今而后知礼之可以为国也。"晏子接着又说："礼之可以为国也久矣，与天地并。君令、臣共，父慈、子孝，兄爱、弟敬，夫和、妻柔，姑慈、妇听，礼也。"齐侯赞叹不已。礼的主要精神，就是在于强调贵贱、亲疏、长幼、上下、男女等之间的身份差别，以维护尊卑上下不相逾越的等级秩序。因此，礼的主要功能，在于调节贵族阶级内部各个阶层的相互关系。一个国家之中，只有贵族守礼、依礼行事，民众才能够顺从，才不会犯上作乱。

从《左传》中我们可以看到，那时候有些人对礼的理解存在着偏差，他们总是把外在的"礼节""仪式"等等混同于"礼"，对此，《左传》的作者通过书中人物之口，做了严格的辨析。让我们看一个例子。鲁昭公是一个窝囊的倒霉君主，他在位的时候，鲁国的政权被三家强宗大夫把持着，国君形同虚设，后来竟至于被赶出了国门，长期流亡在外。昭公五年，鲁君到晋国去访问，从"郊劳"（大概相当于现在的欢迎仪式）至于"赠贿"（相互赠送礼物），"无失礼"，于是晋侯就对他的大臣女叔齐说："鲁侯不亦善于礼乎！"这是夸奖鲁君懂"礼"、知"礼"。但是女叔齐却不以为然，他说："鲁侯焉知礼！"接着，女叔齐发了一通议论："是仪也，不可谓礼。礼，所以守其国，行其政令，无失其民者也。今政令在家，不能取也；有子家羁，弗能用也；……公室四分，民食于他，思莫在公，不图其终。为国君，难将及身，不恤其所。礼之本末将于此乎在，而屑屑焉习仪以亟。言善于礼，不亦远乎！"这段话的意思是说，鲁侯表现出来的仅仅是"仪"，根本谈不上"礼"。因为礼的基本精神是维护尊卑上下等级秩序，保证国家的政令统一，保证君主对臣民的统治有效。可是看看鲁国的情形呢，国君大权旁落，政令出于三家，优秀的人才如子家羁等又不被重用。国君面临灾难，却不知预作准备。抛开了礼的根本功能，只是注重一些礼仪上的细枝末节，这样的人要说他善于礼，那不是离题万里吗！《左传》在记载了女叔齐的大段谈话之后，加上了一句肯定的评论："君子谓叔侯（即女叔齐）于是乎知礼。"这实际上表明左氏在"礼"与"仪"的区别上与女叔齐的观点是一致的。而《左传》的这种思想，也正与孔子相通，子曰："礼云礼云，玉帛云乎哉"[1]，孔子不是明明在说，对于礼，我们不能仅看那外表的形式和礼物之类的物质的东西，要注重礼的本质上的功能吗！

---

　　[1]　《论语·阳货》。

第三节 重民思想

对"民"的重视，是《左传》中表现得特别突出的一种思想倾向。据桓公六年记载，楚武王侵随，随在当时是个小国，但因为有一位贤臣季梁，楚并没有占到什么便宜，于是撤军。随国的大夫中有人主张追击楚军，季梁进谏，发了一通议论，其中有一段很著名的话："臣闻小之能敌大也，小道大淫。所谓道，忠于民而信于神也。上思利民，忠也；祝史正辞，信也。今民馁而君逞欲，祝史矫举以祭，臣不知其可也。"他说小国所以能战胜大国，凭的是小国的"道"与大国的"淫"。那么什么是小国的"道"呢？两个方面：对民要"忠"，对神要"信"。所谓对民忠，是说在上者要想着"利民"；所谓对神要"信"，是说主持祭祀的官员（祝史）要实事求是地汇报君主的业绩。如今随国之中，民众生活贫困（"民馁"），君主只顾满足自己的私欲，而祝史却对着神祇说假话，而不讲"信"，这样我们怎么能够战胜大国呢？随国的国君并不服气，他说我们供神的供品非常地丰盛，从不敢掺假减损，怎么能说我们不"信"呢？季梁接着又讲出了一番大道理，他说："夫民，神之主也。是以圣王先成民而后致力于神。……故务其三时，修其五教，亲其九族，以致其禋祀。于是乎民和而神降之福，故动则有成。今民各有心，而鬼神乏主，君虽独丰，其何福之有！"这里所谓"民为神之主"，是指鬼神的态度是依"民"的状况来决定的，民与神这两者比较，从来的圣王都是要先"民"后"神"的。他所说的"务其三时，修其五教，亲其九族"，都是指施惠政于民，使民能够有充裕的时间耕种，使民受到教化，乡里亲族和谐美满，然后才是祭祀鬼神，这样才能做到"民和"，鬼神才能够"降福"，国家有什么举动才能够成功。如今"民各有心，鬼神乏主"，国君祭祀的供品尽管十分丰盛，哪里会有什么福呢！最后季梁给随君提出的建议是："君姑修政而亲兄弟之国，庶免于难。"随君听取了季梁的建议，一心一意治理内政，结果是"楚不敢伐"。《左传》的作者对季梁显然是抱着赞许的态度的，所以季梁的议论完全可以看做是左氏思想的表述。这条材料表明，当时的贤者，对"民"在国家政治中的地位有着非常深刻的认识。鬼神是否保佑统治者，并不取决于统治者对鬼神是否诚心，而要看统治者对民众怎么样。毫无疑问，这是一种"重民"的意识。

《左传》文公十三年有这样一段记载："邾文公卜迁于绎。史曰：'利于民而不利于君。'邾子曰：'苟利于民，孤之利也。天生民而树之君，以利之也。民既利矣，孤必与焉。'左右曰：'命可长也，君何弗为？'邾子曰：'命在养民。死之短长，时也。民苟利矣，迁也，吉莫如之！'遂迁于绎。"这是一段非常值得重视的史料。邾是春秋时的一个小国，文公是邾国的国君，他筹划迁都于绎，于是先行占卜。占卜的结果却令人有点为难，说是迁绎只利于"民"，而不利于"君"。那该怎么办呢？面对这一结果，邾文公仍坚决主张迁都，因为他对"民"在国家中的地位有深刻的理解。他认为天之所以要为民立君，本是为了使民得利的，只要民能够得利，君主必然也会得到好处，而生命的长短自有定数。迁都利民，就是最大的"吉"。应该说，这样的看法是非常理性与开明的。《左传》上说，邾最终还是迁了都城，而此后不久，邾文公也就去世了。《左传》的作者通过"君子"之口，称赞邾文公"知命"，显然，邾文公关于君民关系以及民的地位的论述，也是得到了左氏的肯定的。《左传》在另外一个地方，也有类似的表述。襄公十四年，卫国发生了国君因"无道"而被臣民赶出国门的事件，当时晋悼公谈到此事，说："卫人把他们的国君赶走了，未免做得太过分了吧？"晋国的太师（乐官）师旷回答说："也许是他们的国君做得太过分呢！"接着，他发表了一番非常精彩的议论，他说："良君将赏善而刑淫，养民如子，盖之如天，容之如地；民奉其君，爱之如父母，仰之如日月，敬之如神明，畏之如雷霆，其可出乎？"正常的君民关系，应该是君"养民如子"，民奉君"如父母"，因为在师旷看来，"天生民而立之君，使司牧之，勿使失性。……天之爱民甚矣，岂其使一人肆于民上，以从其淫，而弃天地之性？必不然矣"。天是最爱民的，绝对不会允许一个人骑在民的头上，肆意妄为，作威作福。如果真有这样的君主，天也会赞成把他赶走的。师旷在《左传》中是以智者、贤臣的形象出现的，因此可以认为，师旷所论代表了左氏对民的看法。

像季梁、邾文公、师旷这一类的议论，表明春秋时代的贵族当中，看重民众的作用，已经形成为一种思潮，这种思潮对后世有深刻的影响。左氏清楚地知道民是国家的根本，一个好的统治者，就是要"养民""宽民""抚民""恤民""和其民""德以治民""视民如子""以宽服民"，这样国家才能够稳定地生存。一个国君如果无道于其民，"民将叛之，无民，孰战"？（成公十五年）失去了民的支持，谁肯为他作战？得到了民的拥护，就可以享有国家，"无民而能逞其志者，未之有也"。（昭公二十五年）《左传》记录了陈国大夫逢滑的话："国之兴也以福，其亡也以祸。"那么什么是国家的福与祸呢？他说："国之兴也，视民如伤，是其福也；其亡也，以民为土芥，是其祸也。"（哀公元年）这里所谓"视民如伤"，是指看待老百姓总好像他们受到了伤害一样，只加以抚慰，不加侵扰。而"以民为土芥"，则显然与"重民"相悖，对于统治者来说，若真是这样，那离着败亡，也就不远了。这种重民、爱民的意识，与儒家传统的"敬德保民"思想是完全一致的。

第四节　君臣观

所谓君臣观，是指对当时君臣关系的看法，这是古代政治思想、政治道德当中的一个主要方面。从《左传》的记事以及对所记事件的态度来看，作者不遗余力地表彰臣子对君主的忠诚，像鲁国的叔仲义无反顾地"死君命"（为服从君主的命令而死），鬻拳"兵谏"楚王然后自刖，晋国的荀息以死实践对晋献公的承诺，齐国的逢丑父以身代齐君被俘，对这类的事件，作者都是浓墨重彩加以刻画，字里行间流露出无限敬佩和推崇。除了表彰忠臣，《左传》的作者也很强调对君主的服从："人之求君，使出命也。立而不从，将安用君？"（成公十八年）这种议论，清楚地表明君主的作用就是"出命"，而臣子的义务则在于服从；"君制其国，臣敢干之？"（襄公十四年）所谓"干之"，是指对君主决策的干扰或者干犯。应该说，这都是很典型的专制主义的思想。对于君主所讨厌的东西，臣子则应竭尽全力把它除掉："君命无二，古之制也。除君之恶，唯力是视。"（僖公二十四年）对君的命令，是不能够违抗的："弃君之命，独谁受之？君，天也，天可逃乎"？（宣公四年）这就说得更为极端了，把君主与天等量齐观；甚至君要臣死，臣不得不死："君讨臣，谁敢仇之？君命，天也，若死天命，将谁仇？"（定公四年）上述这些张大君权的议论，一般都是左氏所表彰的正面人物说出来的，因此完全可以看作是《左传》作者的意见。这种维护君权、主张"君命臣从"的思想，应该是当时君臣观的主流。

然而在另一方面，《左传》的作者在君臣关系问题上又表现出一种开明的立场，他虽然赞美臣对君主的绝对服从，可是也同时强调君主要以礼对待臣下，君与臣各有应当遵循的道德原则，所谓"君令（"令"有美好之义）臣共（恭）"，所谓"君人者执信，臣人者执共，忠信笃敬，上下同之，天之道也"（襄公二十二年）。同时，《左传》还特别主张君主要多听取、采纳臣下的意见，前引师旷对答晋侯的那段话，在"天生民而立之君"云云之后接着说："有君而为之贰，使师保之，勿使过度。是故天子有公，诸侯有卿，卿置侧室，大夫有贰宗，士有朋友，庶人工商皂隶牧圉皆有亲暱，以相辅佐也。善则赏之，过则匡之，患则救之，失则革之。自王以下各有父兄子弟以补察其政。"人人都要借助别人的帮助，就是天子也不例外。这种臣下对君主的补察、匡救，被看作是"和而不同"。对"和而不同"这个话，今天的人们已不陌生了，此语最早就是出自《左传》。《左传》昭公二十年记载，齐景公很喜欢身边的宠臣梁丘据，曾感叹说，只有梁丘据可以称得上是跟我"和"的臣。晏子不同意，说梁丘据只能算是与君主"同"，而不能算是与君主"和"的人。齐景公问道：难道"和"与"同"还有什么区别吗？晏子说，是有区别的。"和"就如同厨师之烹鱼肉，一定要把各种作料、辅料放在一起，五味杂陈，使之融合，然后用火烧煮，做出来的鱼肉才好吃。"和"也如同乐师之演奏，一定要使各种不同的乐器、音调相互谐调配合，奏出来的声音才好听。君臣之间也是这样，"君所谓可而有否焉，臣献其否以成其可；君所谓否而有可焉，臣献其可而去其否。

是以政平而不干，民无争心"。而"同"则是另外一种情况，好比烹调之只有一个味道，音乐之只有一种声音，让人无法接受。梁丘据与国君之间，就只能说是"同"，"君所谓可，据亦曰可；君所谓否，据亦曰否"，这就好像"以水济水，谁能食之"？"琴瑟之专一，谁能听之"？显然，这种思想对抑制君主专制往极端的方向发展，是有积极作用的。

由此拓展开来，不限于君主这一层面，对国家的执政官，也要求能够广泛吸取下层的意见。《左传》襄公三十一年就记载了"子产不毁乡校"的故事。乡校是郑国的一种基层学校，"郑人游于乡校，以论执政"，看来当时郑国人是经常在乡校里议论国家政事的。大夫然明对此不以为然，他向执政子产建议说："毁乡校如何？"可是子产的态度就比较开明，他不赞成毁乡校，说："何为？夫人朝夕退而游焉，以议执政之善否。其所善者，吾则行之；其所恶者，吾则改之。是吾师也，若之何毁之？"为什么要毁乡校呢？民众在乡校里议论国事，他们喜欢的事我们就多做，他们不喜欢的事我们就改正，这不正是我们的老师吗？为什么要毁掉呢？子产接着又说，民众在学校议论执政，也是发泄对执政不满的一种渠道，而这种不满，是不能以暴力的手段去"堵"的："然犹防川。大决所犯，伤人必多，吾不克救也。不如小决使道（导），不如吾闻而药之也。"民怨积累久了，一旦爆发，那就很难挽救，不如及时疏通，在民怨初起时就把它化解。在这一段记事之后，《左传》引孔子的话说："以是观之，人谓子产不仁，吾不信也。"可以看出，《左传》在这个问题上的认识是与儒家完全合拍的。

《左传》的作者并不主张极端的君主专制，这从对弑君、出君等事件的态度也可以看出来。前引襄公十四年卫国发生了将国君赶出国门的事件，师旷却认为责任主要在君主身上，"或者其君实甚"，君主荒淫无道，"匮神乏祀"，"百姓绝望"，实在过分了。言外之意，对这样的君主，赶走他也是合理的。左氏对师旷的言论，是持肯定态度的。宣公二年，晋灵公被赵盾的属臣杀死，《左传》在记载这一事件时，起首就说了一句"晋灵公不君"，也就是说他所作所为不像个君主，接着又记述了晋灵公若干暴虐无道的事实，然后详述了赵盾如何屡谏、灵公派刺客刺杀赵盾不果、赵盾逃走之后其下属赵穿杀死了灵公的经过，事件的末尾，左氏引用了孔子的评论，孔子也只是惋惜赵盾这个"古之良大夫"是"为法受恶"，逃走而没有来得及逃出国境，因而必须承担"弑君"的责任，"惜也，越竟（境）乃免"。孔子对这一次的弑君并没有过多的谴责，只是感慨赵盾倘若逃出了国境，就不至于承担弑君的罪名了。从《左传》的记事中可以很明显地看出，作者对"弑君者"赵盾是同情的，对这样的恶君被杀表示了理解。

第七章 《春秋》《左传》的流传

第一节 公羊学在西汉独领风骚

最晚到战国的时候，《春秋》与《周易》《尚书》《诗经》等一起，已经成为儒家的经典，被合称为"六经"了。孔门的弟子、再传弟子们不断地对这些经典进行钻研、讲解、阐发，经典的内容、经义等等也在不断变化。由于理解与解说的歧异，也出现了不同的家派。就拿《春秋》来说，战国时至少有这么"五传"：《左传》《公羊传》《谷梁传》《邹氏传》《夹氏传》。这每一传就是一派，虽然都是讲解《春秋》，"经义"却不尽相同，每家各有侧重，各有一些独特的理解。这也很正常，战国时期本来就是思想活跃、学派纷呈的时代，那时学者可以自由讲学，可以传述先师的主张，也可以创立新的学说，不同的学派之间也有论辩，正是所谓百家争鸣的时代。

但这种局面在秦代有了根本的变化。短命的秦王朝，实行的是一种残酷的、排他的文化政策，儒学以及其他种种学说在秦代都遭受了沉重的打击。秦始皇要统一天下的思想，他严禁民间藏书，并发布焚书令，凡是民间私藏的史籍、儒家经典以及诸子百家之书，统统要收缴焚毁，聚众讲学，那更是犯了大忌，民众要想学习，只能"以吏为师"。一时间，人们谈"儒"色变，儒生们销声匿迹，私人讲学的传统断绝，全国上下只剩下了一个声音。幸好秦朝的统治十分短暂，只维持了二十余年。又经过了十几年的战乱，汉王朝建立了。以刘邦为首的汉统治者看到了秦人的失误，他们转而寻求一种温和的政治理论。不过，最初他们并不看好儒家，史书上记载了许多刘邦轻蔑与戏侮儒生的故事。当然，刘邦鄙视儒生，也自有他的道理。当天下大乱之时，群雄逐鹿，军事活动压倒了一切。而儒家是一种什么学术呢？孔子曾经说过，祭祀行礼这种事情，我很熟悉，至于军旅之事，我可是一点也没有学过。①试想，这样的学派，怎么能引起一位惯于南征北战、争城略地的英雄人物的兴趣呢？但汉朝统一中国之后，情形就不同了。儒生陆贾时时在高祖面前讲说《诗》《书》，高祖就骂他：“老子是骑在马上得的天下，那些《诗》《书》有什么用！”陆贾反驳说：“居马上得之，宁可以马上治之乎？且汤武逆取而以顺守之，文武并用，长久之术也。……乡使秦已并天下，行仁义，法先圣，陛下安得而有之？”②意思是说，天下可以由“马上”得之，却不可以由“马上”治之，如果秦人得天下之后，施行仁义，效法先王，肯定不会这么快就亡国了，那你刘邦又怎么能做成皇帝呢？这是很典型的儒者议论，高祖虽然觉得逆耳，但也只能承认这是真理。儒士叔孙通说：“儒者难与进取，可与守成。”③这句话道出了儒学的作用。也就是说，儒学对于维持王朝的长治久安，是有其特殊的优势的。汉初的统治者虽然更喜欢黄老之道，但黄老之道只能在凋敝残破的汉初社会发挥一定的解疲纾困的复苏作用，却很难适应维持庞大帝国稳定的需要。经过了几十年的休养生息，国力逐渐恢复，统治者终于把目光又转向了儒家。汉武帝是一个喜欢儒家的君主，他的好儒，反映了汉统治阶级对一种

---

① 《论语·卫灵公》。

② 《史记·郦生陆贾列传》。

③ 《史记·叔孙通列传》。

能够维护他们长远统治利益的意识形态的需要。从此，儒学以及以儒学为业的知识分子的命运发生了根本的变化。

汉武帝亲政以后，任用以"好儒术"著称的田蚡为丞相，延揽"文学儒者数百人"，其中公孙弘以通习《春秋》从"白衣"做到了天子的"三公"，被封为平津侯。公孙弘曾经根据儒家的理论向汉武帝提出兴建学校的建议，被汉武帝采纳。在武帝举行的举贤良对策中，董仲舒提出了"独尊儒术"的主张，也被汉武帝接受。从此，儒术开始在汉代的政坛上大行其道了。

汉武帝在倡导"尊儒"的时候，主要依仗的是一些《春秋》学者，像公孙弘、董仲舒，都是以《春秋》学起家的，特别是董仲舒，是当时著名的《春秋》学家，他给汉武帝献策，也是张口闭口《春秋》如何如何，《春秋》经义俨然就是他的理论根据。其实这也不奇怪。《春秋》本来就是"史文"，记载的都是些军国大事，其中的"义"也多是根据这些政事阐发而来的，故《春秋》较之其他经典，如《易》《诗》《礼》等，更贴近政治，对政治行为有更为直接的指导意义。汉的统治者尊儒，实际上是在寻求一种更有助于治国平天下的政治哲学，《春秋》以其强烈的政治指导性自然会受到统治者的重视和欢迎。再者，汉初流行的《春秋》学，主要是公羊学派，董仲舒就是公羊学派的大家。公羊学的经义，有很多与汉统治者的需要正相契合，例如维护中央集权的"大一统"之义，维护王权、抗御少数族侵扰的"尊王攘夷"之义，维护统治秩序的诛讨乱臣贼子之义等等，都能够用来解决现实政治问题。加上董仲舒等人又对《春秋》学做了一番符合时代潮流的改造，加进了大量天人感应、灾异祥瑞之类的内容，这就使得《春秋》学更符合其思想有神秘主义倾向的汉武帝的口味。因此，《春秋》学（这里主要指《春秋》公羊学）在西汉成为儒学中的显学，也就是情理之中的事了。

汉武帝的时候，朝廷设立五经博士。这个"博士"，与今天所说的不同，那时不是一种学位，而是官名。其实博士这个官，战国后期就已经有了，不过那时的博士，虽然都要由有学问的人来担任，但并不限于儒者，博士的学问可以说是五花八门的。汉武帝时就不一样了，这时儒术已经独尊，博士都是儒者。所谓"五经博士"，是指《易》《书》《诗》《礼》《春秋》的博士，某经的博士，一定是在这一经典的研究方面有很深造诣的人，他们可以招收一定数额的"博士弟子"，这些博士弟子须在规定的时间内随师学习，也有考核，合格者就可以做官了。这样一来，就给研习经典的士人打开了一条做官的通途。可以想见，此后民间学习经典的人就更多了。这时的《春秋》博士，就是研习《公羊传》的学者。

汉代早期传授公羊学的，有两个重要人物，一个叫胡母（字又作毋）生，一个叫董仲舒。胡母生，字子都，齐人。他专治《公羊春秋》，是汉景帝时的博士。前面曾经说过，《公羊传》自战国以来，一直是在师徒父子之间口耳相传的，直到汉景帝的时候，一个叫公羊寿的人才和他的弟子"齐人胡母子都""著于竹帛"，可见这个胡母生是最早将《公羊传》写成定本的人之一。因此，他自然应当算是汉代公羊学的始祖。

明确知为胡母生弟子的，只有一位公孙弘。公孙弘在西汉《春秋》学的传授中也是一个重要的人物。他的重要，并不在于他的学术本身，而在于他的经历以及他对《春秋》学研究的影响。公孙弘是西汉经生中官做得最大的一个人，也是因通晓《春秋》而位至宰相的第一人，对当时经学研究的风气自然不能不发生影响。史称"公孙弘以《春秋》白衣为天子三公，封以平津侯，天下之学士靡然乡风矣"[1]，就是讲的这种事实。当然，公

---

[1] 《史记·儒林列传》。

孙弘的平步青云，并不仅仅凭借他在《春秋》学上的造诣，也与他的善于揣摩皇帝心理有关。据说他在朝廷上议论政事，从不敢坚持己见，总是看皇帝的脸色行事，有时候事先跟别的大臣商量好某种意见，到了皇帝面前，往往自毁前约，改为顺着皇帝的意思说话。所以他常常为正派的儒生所不齿，人们认为他"曲学阿世"，是喜欢阿谀奉承的小人。但公孙弘以研治《春秋》而做大官，对一般人来说确实有榜样的作用。

　　汉代另一位公羊学的大师，那就是董仲舒了。董仲舒年轻时就研习《春秋》，当时汉室方兴，尚未解除"挟书之律"（藏书有罪的法律），儒学也还处于被压抑的地位。这个时候的《公羊传》还没有写成定本，他所学的《春秋》，一定是有老师口授的，但他的师友渊源，今已不可考了。到汉景帝时，他已是汉廷的博士，说明此时当已学成，卓然自成一家了。他钻研学问，专心致志，致有"三年不窥园"的传说。董仲舒的著作很多，但大多都已散亡，只有《春秋繁露》传了下来。此书是由许多单篇文章汇集而成的一个集子，尽管此书的书名存在着若干疑点，但多数学者都还相信《春秋繁露》基本上是董仲舒的著作。① 在整个西汉时代，在《春秋》的传授、研究上影响最大的，就是这位董仲舒。

　　董仲舒的弟子很多，据说他当年设坛讲学，由于听讲的人太多，讲堂里容纳不下，只好由那些早一些入门的弟子给那些新来的弟子讲授，以致有的学生甚至没有见过董仲舒的面。他的学生们做官的不少，史称"为郎、谒者、掌故者以百数"，通《春秋》而能做官，这对当时的士人来说当然是有很强的吸引力的。因此那时候董仲舒的声望可以说是如日中天。不过，也有一个学生给董仲舒带来的却是麻烦。这个学生叫吕步舒，他应该算是

----

① 参阅赵伯雄：《春秋学史》，山东教育出版社，2014年，第96页。

董仲舒的高足，是董门弟子中登堂入室的人物。《春秋》在汉代的应用很广泛，其中有一项就是用《春秋》来"决狱"，也就是在诉讼的场合，利用《春秋》的经义来进行审判。吕步舒官为"长史"，很善于此道，据说他的《春秋》断案多次得到皇帝的肯定。但是他对老师的另一项"特长"，即以《春秋》说灾异，学得可不怎么样。前面说过，董仲舒很喜欢利用《春秋》解说灾异，这也是当时公羊学派的特点，公羊家主张天人相通，总是喜欢把自然界发生的灾害及怪异现象跟当时的政治联系起来，用灾异现象来干预政治。董仲舒就是一位说灾异的行家里手，他著有《灾异之记》，在这部书里，他针对辽东高祖庙的一次火灾，发过一些议论，大约是把火灾与政治现状联系了起来，对当局的施政有一些讥刺之语。主父偃嫉妒董仲舒，就把《灾异之记》献给了皇帝。汉武帝召集群臣，拿出这部书来，让大家发表看法。吕步舒不知是他老师的著作，竟对此书大加批判，以为"下愚"。于是廷臣们纷纷附和，把此书的作者定为死罪。最终还是汉武帝法外开恩，赦免了董仲舒，吓得董仲舒从此竟不敢再谈什么灾异了。学生因不了解老师的著作差点儿要了老师的命，真也称得起是学林的一则笑料了。

董仲舒以后，公羊学派产生了分化。主要有这么两支：严彭祖与颜安乐，他们都是宣帝时人。严彭祖著有《严氏春秋》，大概是对《公羊传》的解释、发挥之作；颜安乐著有《公羊颜氏记》十一篇，也应该是这一类的著作，只是他们的书都没有传下来，今天已经无从考索了。此后直到东汉的晚期，朝廷立博士，《春秋》学都是严、颜二家分立，这两家虽然都是公羊学，但是在文本、解说方面还是有一些不同的。

第二节　《左传》终于压倒了《公羊》

细心的读者也许会注意到，我们讲了半天汉代的《春秋》学，还没有提到《左传》呢，这是怎么回事呢？原来，整个西汉时代，公羊学是《春秋》学的主流，不管是朝廷的学官，还是民间的私学，治《春秋》的都是公羊学派，研究《谷梁传》的也有，但是很少，一直也没有成气候，而治《左传》的人就更少了。据说早期有张苍、贾谊等人治《左传》，贾谊还为《左传》做过注解。此后《左传》虽在学者间有传授，但因为没有立于学官，不属于官方认可的经典，所以不被人重视，很少有人从师学习。讲到这里，不能不提到汉代经学的今古文问题了，让我们先对此稍加介绍。

秦朝的文化专制政策，对儒家经典的损毁是非常严重的。汉初，经典在民间渐渐复出，但这时候的经典基本上都是用汉代通行的文字——隶书写成的。中国的文字，从战国到秦汉，在形体上是发生了很大变化的。战国时期由于政权分立，各国的文字很不统一，秦始皇统一六国，维持的时间虽然不长，可秦朝的一些举措，在中国历史上却影响深远，其中之一便是"书同文"。所谓"书同文"，就是统一文字，秦朝将"小篆"定为标准字体，废除了六国文字。与此同时，社会上还流行着一种写起来更为简便的、将篆书的许多曲笔改成了直笔的隶书。西汉以来，隶书更为盛行，被称为"今文"，战国文字则被称作"古文"，除了一些大学问家，认识古文的人已经很少了。据说当年司马迁年轻的时候，就曾经专门到一位大学者孔安国那里学习"古文"。当时的经典既然是用隶书书写的，就被称为"今文经",当然是为了区别"古文经"的。西汉儒者阅读的经典,绝大多数都是今文经。那么有没有"古文经"呢?也有,但比较稀罕,学习的人不多。古文经典是用战国文字书写的古书,可能主要有这么两个来源:一是来自秦朝博士官的藏书。当年秦始皇下令焚书,重点是焚民间之书,对朝廷里博士官的藏书网开一面,没有完全焚毁,这样秦亡以后,就不断有秦博士的藏书流散开来。二是秦法虽酷,民间毕竟还有一些勇敢之士,冒着生命危险将儒家经典保存了下来。据说孔子的后人,就将大量的先秦古书砌在了墙壁里躲过了焚书之劫。西汉有一位鲁恭王,封在了曲阜,他的宫殿离孔宅不远。有一次鲁恭王打算扩大他的宫殿,这就要占用孔家的宅基地,于是就派人来强拆孔宅,在拆毁院墙的时候,在墙壁里发现了大量的古书,这些古书都是用战国文字写在竹简上的。据说在拆墙的时候,还隐隐约约传来"钟磬琴瑟之声",吓得鲁恭王不敢再继续强拆,于是孔家老宅得以保存。我们姑且不管拆墙时是否会听到音乐,这也许是个讹传或者神话,但在墙壁里发现先秦古书,这个事情应该是可信的。据《汉书》《说文解字》等书记载,这批古书里包括《礼记》《尚书》《春秋》《论语》《孝经》等。这些用战国文字书写的经典就是古文经。那么古文经典与今文经典有什么不同呢?这也得分别来看。有的书可能差异比较大,像《尚书》,篇目都不一样,《古文尚书》比《今文尚书》多出来十六篇;而有的书呢,可能差异就小些。可惜这批"孔壁出土"的古书都没有保存下来,今日已难得其详了。汉代的经典,大致来说,都有今文、古文的问题,由于文本的不同,传经的学者也就分成了今文、古文两大派别。例如《诗经》,齐、鲁、韩三家就属于今文家,而毛亨、毛苌所传的"毛诗",就属于古文家;《尚书》呢,欧阳、大小夏侯这三家就属于今文家,《古文尚书》在西汉传授系统不明；《周易》，施、孟、梁丘三家属于今文，而费氏一家则属于古文。

　　现在我们再回过头来说一说《春秋》。整个西汉时期，《春秋》学的主流是公羊学，《公羊传》是今文经典，所以公羊学家属于今文家。《谷梁传》也是今文经典，但学习的人很少，一直也没成气候。《左传》则属于古文经典，因为一直也没有立于学官，缺乏利禄的诱惑，所以《左传》只在一些好古之士当中流传，研习的人也很少。这种局面在西汉末期有了一些改变。这里头有一个关键性的人物，就是刘歆。刘歆的父亲刘向，是汉代著名的大学者。汉成帝的时候，刘向受命整理秘府的藏书。所谓秘府，用我们今天的话来讲，就是皇家的图书馆，专门收藏各地民间官府进献的以及前代皇室遗留下来的各类图书。刘歆也参与了这项工作，他也是那个时候的很有学问的人。刘向去世之后，刘歆就接续其父，成了这项工作的主持者。刘歆在秘府藏书中发现了大量的古文书籍，他对此很感兴趣，特别是其中的《左传》，他尤其喜欢，还专门向当时对《左传》有一些研究的丞相史尹咸和丞相翟方进请教，结果他很快就成为古文经典特别是《左传》的专家。他认为《左传》的作者左丘明与孔子同时，曾见过孔子，思想观点都与孔子相同，而公羊、谷梁呢，都生在孔子的学生"七十子"之后，他们的理论都是得之于传闻，跟左丘明是没法比的。所以他认为《左传》才是解说《春秋》的最地道的"传"，地位应该在《公羊传》与《谷梁传》之上。

　　刘歆生活的时代，是西汉王朝的末世，这个时候的今文经学，已经逐渐显露出疲态。经师们解说经典越来越繁琐细碎，令人生厌，而且经学的理论也渐趋僵化，与现实政治日益脱离。而与此形成对照的，是对古文经典感兴趣的人越来越多。刘歆后来受到皇帝的宠信，于是开始酝酿着要提升几部古文经典的地位。他向皇帝建议将《左氏春秋》《古文尚书》《毛诗》《逸礼》等古文经典都立于学官。皇帝对此并没有什么准主意，就让大臣们（主要是博士们）一起来议论。这些博士都是靠今文经典起家的，他们是既得利益者，怎么可能容忍古文家来夺自己的饭碗，于是纷纷表示反对，提出了古文经典不宜立于学官的各种各样的理由。对于《左传》呢，他们的策略就是釜底抽薪，也就是从根本上否定《左传》是《春秋》之传。当时博士们的说法，主要的是说《左传》本非《春秋》之传，出自左丘明，跟孔子没有关系，而且传承的脉络也不清楚，没有可信的师授渊源。他们振振有词，总之是要阻止古文经典立于学官。刘歆对这帮博士极为不满，写了一篇《移太常博士书》（"移"有"致送"的意思），按今天的话说，这就是一封给博士们的公开信。在这封公开信里，刘歆据理力争，论证立古文经典的必要性，驳斥博士们的观点，揭露他们阻碍立古文经典的卑劣用心，说他们"抱残守缺，挟恐见破之私意，而无从善服义之公心，或怀妒嫉，不考情实，雷同相从，随声是非"，"专己守残，党同门，妒道真"，把当时政坛以及学坛上的暮气、自私、保守与顽固，骂了个痛快淋漓。这封信收在了《汉书》里，至今读来，仍觉虎虎有生气。但是由于当时的执政大臣们多是些抱残守缺者流，刘歆的建议还是没有被采纳。后来在王莽专政的时候，《左传》等古文经典被立于学官，因为王莽本人喜欢《周礼》，而《周礼》就是古文经，而且刘歆助莽篡汉，做了王莽的国师，自然说话就算数了。只是好景不长，随着王莽的倒台，古文经典就又被废弃了。

　　东汉初年，朝廷所立的十四博士，还都是今文博士。《左传》也曾在很短的时间内立于学官，但不久就被废除。这一时期，儒家经典的经义歧义很多，使得学者莫衷一是。朝野上下，都发生了统一经义的要求。汉章帝初年（79），朝廷在白虎观召开了一次规模很大的经学会议，讨论五经经义，这就是历史上有名的白虎观会议。这次会议历时很长，据说"连月乃罢"，参加的人也很多，有今文学者，也有古文学者，可以说为当时各种派别、各种经说提供了相互辩难、交锋的机会。会上对五经中的问题都进行了讨论，一般是由专人提出一个具体问题来，然后各派学者阐述观点，往返辩论，最后由皇帝裁决，给出一个确定的答案。会后，由当时著名学者班固将这些已经被核准的经义汇纂成一部书，这就是《白虎通》（此书也名《白虎通义》或《白虎通德论》）。白虎观会议的结果，统一了经义，解决了经学学派越分越多、经说日渐歧异、使人莫知所从的问题，所以在经学史上有很重要的意义。《白虎通》这部书，今天我们还能看到辑本，从中可以发现，五经之中，当时主流的、占优势地位的意见，还都是今文家的。据说汉章帝本人其实对古文经典很感兴趣，即使如此，也还没有办法一下子扭转多数人的传统意识。

不过，白虎观会议之后，古文经典的地位有明显上升的趋势。建初八年（83），章帝下诏，令选派优秀的年轻人，专门学习《左传》《毛诗》《古文尚书》等古文经典。于是学习古文经典的人越来越多了。当时有名望的儒者当中，属于古文学派的已很不少。《后汉书·儒林传》曾提到东汉前期七位最有影响的儒者，其中范升、刘昆、桓荣属于今文学派，陈元、郑兴、杜林、卫宏则都是古文学者。还有一位桓谭，也是古文大家，他与陈元、杜林、郑兴等人在当时都"为学者所宗"[1]。整个东汉时期，古文派的势力越来越大，而今文家则渐趋衰落。具体到《春秋》之学来看，学《左传》的人越来越多，而《公羊》之义逐渐不显了。这固然是学术的大趋势使然，

---

[1] 《后汉书·陈元传》。

也与一些古文学者所做的努力有关。在今古两派的辩论当中，古文学者往往能深入剔发《左传》里那些"君臣之正义，父子之纪纲"，举出一件件生动的史事来，而这些则是《公羊传》所不具备的。有的古文学者还特别强调《左传》中的一条材料可以证明汉朝皇帝是尧之后人，这也很为《左传》加分。此前今文家早就有"汉为尧后"的说法，但他们只会空说，却拿不出什么证据来。当时有个古文家叫贾逵，他对皇帝说，你们刘家是尧的后代，这在《左传》里有明文！原来在《左传》文公十三年记载了这样一件事：晋国大夫士会因避难，整个家族逃到了秦国，中经一番曲折，他又率妻子和部分家人归晋，而另一部分家人则留在了秦国，这部分留下的族人，后来改氏名为刘氏。《左传》在这个地方有一句不起眼的话："其处者为刘氏"（"处者"就指留在秦国的族人）。在汉朝，这句话可是非同小可，因为在先秦其他典籍里面，都找不到"刘氏"起源的踪迹，偏偏在《左传》里看见了！这至少可以说明刘氏是与士会同族的了。那么士会又是什么家世呢？士会是晋国的一个大贵族，他是范氏之祖，在《左传》的其他两处地方，明确地记载着范氏的祖先是尧。这样一来，《左传》里"其处者为刘氏"这句话，意义可就不一般了。"刘氏"与士会同族，士会是范氏之祖，范氏乃尧的后人，你看，这不是明明在说尧是刘氏之祖吗！刘邦出身微贱，祖上也没有什么显赫人物，这下子跟尧接上了关系，焉能不为皇室所欢迎！难怪贾逵上疏之后，汉章帝大为高兴，赏赐贾逵许多财物，并且命令从太学里学习《公羊传》的学生中抽出二十人，让他们改学《左传》。这对壮大古文学派的力量，当然是非常有利的了。不过，《左传》里"其处者为刘氏"那几个字，其实是很可疑的，隋唐时代的学者就已经有人怀疑《左传》里本没有这句话，这句话是汉代古文家暗塞进去的。因为这句话从叙事的角度看并没有什么意义，显得十分突兀，很让人疑心。当然也有学者认为这话就是《左传》原有的，并非汉人造假。到底真相如何，今天已无从探明了。不管是《左传》原有的也好，还是汉人加进去的也好，反正《左传》因此在汉代的身价大为提升了。

此后古文学派的势力日益扩大，就《春秋》一经来说，研习《左传》的学者越来越多，朝廷论政，引用《左传》者更为常见；而今文派的《公羊传》，虽然仍有人学习，其势力已是大不如前了。到了魏晋时期，讲《春秋》的已经以《左传》学为主流了。曹魏时的学者钟繇曾有一个比喻，他说《左传》可以比作是"太官"，而《公羊传》则好比是"卖饼家"。[①] 太官是什么呢？原来，太官是掌管宫廷膳食的官，而"卖饼家"则是社会底层的小商贩。大概是因《左传》辞义赡富，文采华美，可资取材借鉴之处甚多，故有"太官"之喻。而小本买卖的"卖饼家"，与服务于皇帝贵族的"太官"，完全不可同日而语。这就反映了在当时一部分人的心目中，《左传》与《公羊传》地位之比已经很悬殊了。

第三节　有"《左传》癖"的杜预

晋代有一位大学者，叫做杜预，他对《左传》的传承贡献很大。原来在东汉的时候，《左传》已经出现了一些注本，像贾逵、郑众、服虔等人，都为《左传》做过注。杜预对这些注本都不是很满意，于是根据自己多年的研究，写成了一部《春秋经传集解》，此书我们今天还能完整地看到。

---

①　《三国志·裴潜传》注引《魏略》。

杜预这个人很值得研究。他的祖父、父亲都是曹魏时的大官，后来司马氏篡夺了曹氏的政权，建立了晋朝，杜预也就追随司马氏，成了晋朝的臣子。他还娶司马昭之妹高陆公主为妻，因此也算是晋朝皇室的姻戚。杜预能文能武，曾做过晋朝的镇南大将军，与王濬一起主持了伐吴的战役，统一了中国南北。所以对晋朝来说，杜预是个地位显赫、有大功劳的人物。杜预对《左传》有一种特殊的兴趣，他自称有"《左传》癖"，可见是何等地着迷了。他在做官、统军的过程中一直也没有放弃对《左传》的研究。灭吴之后，他开始着手著述，没用几年的工夫，一部《左传》的新注本就完成了。

在杜预的时代，可以看到的解说《左传》的著作还有十几家，杜预对这些前辈著作进行了认真的筛选、择取，根据他自己长期积累的资料和心得，很快就写成了《春秋经传集解》。"集解"作为书名，在杜预以前也曾出现过，像曹魏时期的何晏，就写过《论语集解》，那是何晏汇集了前此孔、包、马、郑诸家对《论语》的解释，可以算是"集众家之解"。杜预的这部《春秋经传集解》是不是也有这个意思呢？从杜预自己写的序文来看，似乎不是这样。他在自序里表达了对以前的十几种注本不甚满意的态度，他的这部"集解"，不是要把前辈的注解合在一起，而是"分经之年，与传之年相附，比其义类，各随而解之"，所以名曰"经传集解"。这里要交代一下《春秋》的经与传的存在形式。原来，在杜预以前，《春秋》的经与传都是别本单行的，也就是说，经、传各自为书，并非合在一起的。杜预则将经文拆开，按年安排在了传的前头，这就是"分经之年，与传之年相附"，不仅给传文作注，经文也注，这样一来，经、传就合为一体了。他的所谓"经传集解"，其实就是将经与传合在一起加以注解。

　　杜预的这部《经传集解》，在当时以及后世影响都非常大。这当然跟他的显赫地位有关，但更主要的，恐怕还是因为他的书具备很多优点。杜预对《春秋》《左传》的看法比较平实、可信，他不像有些今文家那样，把《春秋》说得神乎其神，好像字字处处都蕴含着圣人的褒贬，也不像今文家那样总是用"义例"来解说《春秋》，他主张"经承旧史，史承赴告"，意思是说，《春秋》基本上是鲁国的旧史，孔子之修《春秋》，只是根据"鲁史策书成文"，做了一些考证史事、保存周礼的工作，对那些明显有违礼教的文字进行了删削，其余的部分就全部保留了旧史，当年史官的记录文字有精粗，记事有详略，都没有加以改动。所谓"史承赴告"，说的是当年鲁国史官记事的材料来源。鲁史官自记本国之事，那就不用说了；对其他各国的史事呢，依据的是"告则书"的原则。所谓"告则书"，是说别国来通报情况，鲁史就加以记载；就算是大事，如果别国不来"赴告"，那么鲁史也就不书之于《春秋》；怎样赴告的，鲁史便怎样书写，所谓"国史皆承告据实而书"[①]是也。杜预撰写《集解》，就是以这"经承旧史、史承赴告"为基本立足点的。从这一点出发去注解《春秋》，很可以避免牵强附会的毛病。例如《春秋》中有些记载缺失的事项，有的年份只记了春、夏之事，而对秋、冬则只字未提，有的地方记了某年某日，却没有记月份，对这些情况，杜预都解释为"阙文"，意思是说旧史本来就有遗阙，这种"不书"并非如一些今文家所言，有什么微言大义在里面。对于《春秋》中记载同一类的事情有时用语不够一致，杜预的解释也较为合理，他说这里并无什么褒贬深意，不过是不同的史官变换了一下词汇而已。对《春秋》

---

① （西晋）杜预：《春秋经传集解后序》，中华书局影印《十三经注疏》本，1980年，下册，第2187页。

记事与《左传》不一样的地方，杜预的解释往往是"从赴"，也就是依据赴告的说法来记事。对于今文家的"一字褒贬"之说，杜预表面上没有特别反对，但事实上是持否定态度的。这很自然，既然《春秋经》基本上是鲁史旧文，鲁史本成于众手，遣词用语有某些差异是再自然不过的事。而且年代久远，史文阙佚，硬要说哪怕是一字之差都义含褒贬，是难以自圆其说的。但"一字褒贬"之说颇能抬高《春秋经》的地位，杜预也不便公然地否定；他虽表面上承认经有"一字褒贬"，却主张根据《左传》来判断经义。就是说经文记事如有什么变化，那一定要看看《左传》上是怎么解释的。如果《左传》上没有明确的褒贬之意，那也不能说经文义存褒贬。这样子来注解《春秋》，很可以避免牵强附会的毛病。

正是因为杜预对《春秋》《左传》有这样的理解，所以他所做的注释显得更加合理，容易被人接受。此外，《春秋经传集解》的说解，文字简约，也是它的一大优点。在杜注出现之前，流行的是汉人服虔的注解。但服注的文字比较繁芜，这大概是那个时候经师们的通病，他们说经，往往琐细饾饤，不嫌辞费。今日服注已经失传，但我们还能看到清人的辑本。如果选取服虔注若干条与杜预注做个比较，就会发现杜预的注解要简洁明快得多。杜注的简约，还不仅限于文字，对经义的解说也是如此，这与汉人的烦琐说经形成了对照。魏晋以后，学术风气发生了变化，学者崇尚清谈，喜言玄理。影响及于经学，简明说经自然受到人们的欢迎。杜注之能够得势，自有其深刻的社会心理根源。

杜注广泛吸收了前辈学者的优长，这也是《春秋经传集解》受欢迎的一个重要原因。杜预自己并没有明确提到他吸收了哪些前人的成果，然而实际上杜注绝非空无依傍；不仅不是空无依傍，而且可以说是对旧注大量加以采择，特别是对字词的训诂、名物制度的诠释，有相当一部分是承袭前人的旧说的。这样做虽然不免被人讥为"攘善"，但毕竟完成了一部在当时确实可以称为"集众美于一身"的著作。这样的著作当然会为人们所欢迎。

唐宋以来，杜预的《集解》非常流行，前此各种《春秋》《左传》的注本，都逐渐亡佚了。唐朝大儒孔颖达编纂《五经正义》的时候，《春秋左传》就选用的是杜预注。孔颖达对杜注备加推崇，他称赞杜预专取《左传》来解释《春秋》，是所谓"子应乎母，以胶投漆"，他认为比较一下先儒所作各种《左传》的注解，杜注应排在第一等。宋代也有不少学者认同孔颖达的说法，以为杜预的《左传》注，与《春秋》大义最为接近，"于《春秋》最为有功"，更有人把杜预注《左传》与颜师古注《汉书》相提并论，称杜预为"左氏功臣"。[①]

当然，除了肯定的意见之外，也不断有学者指出《集解》令人不满意的地方。清代学者对杜预《集解》的批评比较多。有些批评是着眼于杜预的为人、品格方面的，例如说他的父亲、祖父都是曹魏的臣子，而杜预却帮助司马氏篡魏，本身就是"乱臣贼子"，他解说的经义也是为乱臣贼子张目。此类的批评，在今日看来，已经没有什么意义了。其他的批评，多集中在三个方面：一是说杜预多曲从《左传》，甚至信传不信经。《左传》与《春秋》，不管是记事，还是用语，本多有不一致之处，杜预在作注的时候，往往倾向于相信《左传》，宁肯说经有误，也不肯说传有误。因此，旧时学者多有指责他"强经以就传"的。二是说他"隐没前贤，迹近攘善"。

① 　参见（唐）孔颖达《春秋正义序》及《经义考》卷一百七十三、《文献通考》卷一百八十二。

这一点在前面已经提到了。杜注中吸取前人成果之处甚多，但从不标举前贤姓名，昔人对此颇有微辞。特别是清人，对杜预的"攘善之病"更为不满。三是说他"疏于训诂，好逞臆说"。这样的批评也主要来自清人。清代的学术超迈前古，学者多做窄而深的研究，因此能发现杜注中的许多纰漏。像宋代的郑樵，还特别推许杜氏"精于地理"，到了清人那里，杜注中的地理错误便被一一指摘出来了。①

总的来看，杜预的《集解》虽说也有一些毛病和缺陷，但毕竟是《春秋》《左传》研究史上的一部划时代的重要著作。杜预去汉代不远，他所能参考的书籍今日多已不存，而且在他之前的多种《春秋》经传注本都早已亡佚，这就使他的这部《集解》更显得珍贵了。今天我们所能看到的最早的完整的《春秋》《左传》的注本，就是这部《春秋经传集解》。研究《春秋》《左传》，阅读《春秋》《左传》，都离不开杜预的这部注解。

第四节　孔颖达的《春秋左传正义》

唐太宗的时候，朝廷组织儒者编过一部大书，就是前面提到过的《五经正义》。为什么要编这么一部书呢？原来，自东晋南北朝以来，经过了二三百年的南北隔离与分裂，经学在研习与传授方面也带有了地域色彩，不管是经典的文本还是经义，都发生了分歧，经学甚至有了所谓"南学"与"北学"的分立。随着隋唐的统一，中国又重新成为一体，于是，作为官方意识形态的经学，也出现了统一的契机。这个时候，国家对统一经义

---

① （清）钱大昕：《左氏传古注辑存序》，《潜研堂文集》卷二十四。

有着很迫切的要求。据史书记载，隋朝皇帝策问儒生，让朝廷中的博士来判卷，几百人的答卷收上来，博士们竟无从判断优劣得失。究其原因，乃在于当时南方、北方通行的文本不一样，讲究的经义也不同，判卷的博士们往往根据自己所学各执一词，无法得出一致的结论，这使最高统治者感到，统一经义已经是当务之急了。

首先要做的是统一经典文本。考虑到经典流传久远，文字错讹很多，唐太宗挑选了当时著名的学者颜师古"考定五经，颁于天下"。颜师古的工作，主要是校定五经的文字，这一工作的完成，并没有多费时日，到贞观七年（633），"颁新定五经"，至此，唐代官方统一经典文本的工作宣告完成。唐代的"五经"，是指《易》《诗》《书》《礼记》《春秋》。《春秋》有三传，颜氏的定本，则只有《左传》，这也印证了早在唐初，《公》《谷》二传已经很少有人研习这一事实。下一步就是要解决经义歧出的问题了。为此，唐太宗选定当时的国子祭酒、大儒孔颖达，让他率领诸儒"撰定五经义疏"。^① "义疏"是魏晋以来新出现的一种说经的体裁，最早可能是受佛教讲经的影响，讲经者对经典的文本以及前人的注释细加阐释，往往一个字、一句话都不轻易放过，既有文字的训诂，也有句意的串讲，有时讲者还自设问答，这种体裁在当时很流行。自南北朝以来，说经者常常自撰义疏，也有的义疏是弟子们在听讲时所做的记录。当时每一经都有义疏多种，一部义疏就是一位经师的讲义，各派说经的特点、经义的不同，都能在义疏中体现出来。孔颖达的工作，就是领衔撰写五经的新的义疏。这么繁重的任务，当然不是他一个人完成的，实际上，各部经典都有一批学者分头撰写。负责《春秋》义疏的除孔颖达外，还有杨士勋、

①　《旧唐书·儒学传》。

朱长才、谷那律等人，他们都是当时在《春秋》学上很有造诣的学者。五经的新义疏陆陆续续完成了，一共是一百七十卷，统名为"五经正义"。此后又经过几次审核和修订，直到高宗永徽四年（653），朝廷才正式"颁孔颖达《五经正义》于天下，每年明经令依此考试"①。从此，唐人解说《春秋》经传，算是有了官方认可的统一标准。

孔颖达对杜预十分推崇，他的《春秋左传正义》大有定杜注于一尊的味道。他秉持"疏不破注"的原则，凡有注的地方，"疏"都要与"注"保持一致，百般阐发，百计弥缝，尽可能使注更加圆满、周密。这部《春秋左传正义》实际上是以隋代儒者刘炫所作的一部义疏为基础重新编撰而成的，刘炫原书中有一百多条"规杜"（纠正杜预之误）的文字，《正义》则全部予以反驳与抹杀，未免显得过于狭隘了。

《春秋左传正义》三十六卷，从字数上看远远超过了杜预的注，它对经传以及杜注的解释非常详细，已经到了近乎繁琐的程度。例如经"元年春王正月"这几个字，杜预的注不过用了六七十个字，说明这是隐公之始年，周王之正月，隐公虽不即位，但摄行君事，也要朝庙告朔；《正义》讲解这几个字及杜预的注，却用了2300余字，评述了"三正"（三种历法）的区别，说明了为什么这里的"王"只能是周的时王而不应是文王，更不能是夏、殷之王的道理，同时还引述《公羊》及服虔的说法加以批驳。又如"郑伯克段于鄢"，杜预的注只是阐明这样记事既讥郑伯之"失教"，又谴责了段的"凶逆"；而《正义》则用了将近700字，从郑之受封说起，继而谈到了这里为什么要"讥"郑伯，为什么要谴责段，以及为什么要使用"克"字，最后还要考证一下郑、鄢的地理位置。再如《左传》隐公元

---

① 《旧唐书·高宗纪》。

年之"祭仲曰都城过百雉国之害也"一句，杜注仅说明祭仲是郑国的大夫，然后又注明了"雉"的长度；《正义》则先解释杜预是如何判断祭仲是大夫的，然后广引《公羊》何休注、许慎《五经异义》、《礼记》、《韩诗》、《周礼》等文献，对"雉"的长度做了考证，仅此一项就用了500字。《正义》的这些解说究竟对不对另当别论，总的来看，这些解说应该说是十分详尽而且深入的。举凡经、传以及杜注中涉及的人名、地名、职官、历法、典章、制度、史事等等，《正义》必为之详加解释，有的还要加以考证。因此，《正义》固然是一部《春秋》经传的阐释性著作，同时也可以说是一部研究性的著作，而且这种研究明显地偏重于文字名物之训诂考证。

　　颜师古的考定五经和孔颖达的修撰《五经正义》，统一了唐朝的经学，可也限制了经学的发展。汉代的经学很发达，但在唐代，却是停滞的。一些基本的经义早已深入人心，而沿着汉人的思路对经典进行研究已没有多少余地。唐初《五经正义》的颁行，更是统一了经义，进而统一了士人的思想。这样，经学的发展就受到了阻碍。不是说唐代的统治者不需要经学，经学的一些理论和原则依然为人所遵奉，但人们的实际态度则是敬而远之，口头上把这些经典捧得天高，而对经典的研究则用力越来越少，这些经典离开实际的政治生活也就越来越远。唐代以经学名家的人十分稀少，正是这种情况的反映。一种学说或理论，哪怕是统治阶级所提倡的学说或理论，只要陷于停滞，便没有了生命力。《春秋》经传之学作为经学的一个分支，自然也难逃衰颓的命运。

第五节 听说过"《春秋》四传"吗

宋代的学术，从总体上说，较前发生了很大变化。学者的兴趣，探索的对象，关注的热点，研究的风格，表述的形式，与前代相比，都有显著的不同。这个时代的学术，自有其独立的品格，因此在学术史上有所谓"宋学"之目。这种情况的出现不是偶然的。宋朝是我国封建政治、经济发展已经完全成熟的阶段，这个时代的统治阶级，对于如何利用旧有的意识形态来为现实政治服务，提出了更高的要求。同时，作为传统意识形态的经学，长期以来都是以对经典的文本注释为主要内容的，唐的《五经正义》，统一了文本，也统一了对文本的注释，这样实际上就束缚、限制了经学的发展，使经学走向僵化、没落。经学要想继续存在、继续发挥作用，也到了非变革不可的时候了。

宋初的统治者，从太祖开始，对儒学的重视程度逐渐加强。宋太宗是一位以"稽古右文"著称的皇帝。在他在位期间，官方曾经组织过大规模的整理旧籍的工作，除访求缺书外，还组织人力校刻书籍。刻板印书，在宋初几十年有很大的发展。到宋真宗的时候，刻印之经典已十分普及。可别小看了刻板印书，这个新事物的出现，在中国学术史上形成了一个大的转折。此前学者求书甚难，学问传承，端赖抄写，故学术在社会上的普及程度必定不高。而此后由于刻本书的传播流布，获取知识较前容易得多，社会上的读书阶层自然就扩大了。同时，由于刻板印书，可以一次生产出大量完全相同的书籍，士人所持读本文字上的歧异大为减少，因此学者用在校核文字、疏通文句等方面的工作量自然也就相对减轻了。这样也就为日后宋朝经学走上思辩的道路准备了条件。

宋仁宗以来，学者对经学的研究日渐发达，出现了许多大儒。对经典的钻研也日益深入。至于《春秋》一经，宋代学者的讲解却颇有特点，他们往往都有一种"舍传求经"的倾向。什么叫"舍传求经"呢？原来，那时有不少学者认为，三传对《春秋》的解释都不能令人满意，而《春秋》的经义到底是什么，应该抛开三传，直接从经文当中去探求。因此，宋代学者常常撇开三传，尝试着自己另为《春秋》作新的传。《春秋》本来是极简单的记事文字，经文本身并没有什么思想的表达，所谓《春秋》经义，完全依赖三传的解说，如果抛开了三传，那就只能凭说经者自己的私臆，想怎么说就怎么说好了。特别是如果抛开了《左传》，《春秋》经文的基本史实都无法确定，这样发挥出来的经义就更有很强的主观随意性了。但在宋代，这种解经的方式已成为一种风气。大家都知道，宋代的学术，理学是其主体，而北宋的程颢、程颐兄弟，则又是宋代理学的代表人物。二程对《春秋》都极为推崇，在二程看来，《春秋》是儒者治国安邦的思想与原则的最集中的体现，程颐甚至说，"学者不观他书，只观《春秋》，亦可尽道"①。但他们对三传的解经以及汉代以来学者对《春秋》的解说都不是很满意，于是程颐就着手亲自为《春秋》作"传"。不过从隐公元年开始，只写到了桓公九年，程颐就去世了，这部"程传"也就成了未完之作。程传虽只有二十年，在当时及宋以后发生的影响却不小。程氏解说《春秋》，有两个方面的特点值得注意。一是把理学家津津乐道的"理"的概念引入《春秋》的解释系统之中。"理"是二程学术的核心范畴，也可以

① 《二程集》，中华书局，1981年点校本，第1200页。

说是最高范畴。在二程看来，理具有本体的意义，是世上万物存在的根源。理既是自然的规律、法则，也是人类社会的伦理道德规范，具有一种绝对性的品格。《春秋》本是一种记事的文体，几乎没有发挥形而上哲理的空间，而程氏则把《春秋》中的"义"用"理""天理""人理"这一类的概念来表述，这样就把《春秋》学纳入了理学的范围。程氏《春秋传》的又一个特点，就是强调《春秋》的"经世"的功能，时时不忘对统治者进行劝诫。例如《春秋》中有关于修建、筑城之类的记载，程颐就借此把"爱惜民力"作为《春秋》的一条经义，结合当时朝廷滥用民力的现实，对最高统治者进行劝诫。至于《春秋》原文是否有这样的意思，程颐他们是并不理会的。这种结合时政、以经世为目的的解经方式，给此后的学者以深刻的影响，后来胡安国作《春秋传》，就是与程传一脉相承的。

胡安国是宋朝的一位大儒。他早年曾入太学，成进士，做过官，政治立场比较保守，不满于王安石的变法，与当时的权相蔡京政见不合。胡安国为人正直耿介，不阿权贵，敢于犯颜直谏。南宋时，曾向高宗进所撰《时政论》二十一篇，针对高宗南渡以后的时局，提出了一些建国、恢复的大计方针。这些表明胡安国是一个有着强烈经世意识的、极力主张恢复进取的儒者。但胡安国最为世人看重的，还是他的《春秋》学。据说高宗闻知胡安国"深于《春秋》"，有意安排胡安国为他讲《左传》，但胡安国对《左传》并不满意，认为读《左传》是"虚费光阴，耽玩文采"，他主张"潜心圣经"。所谓"潜心圣经"，就是要抛开三传，直接从《春秋》经文里去寻求经义，很明显这是一种舍传求经的主张。胡安国的学术，从其思想倾向来说，应属二程一派，但他并不及师事二程，只是私淑而已。他认为二程是儒学的正统，要学孔孟之道而不学二程，那简直如同要进入一个房间却不走正门。胡安国精研《春秋》三十多年，著有《春秋传》一书，这部书可以说是他一生精力所萃。绍兴年间，他将这部书献给了高宗皇帝。据说高宗对胡安国的《春秋传》非常赞赏，认为"深得圣人之旨"。

胡安国对《春秋》一经备极推崇，他有一个提法，与前人有所不同，这就是将《春秋》说成是"史外传心要典"。所谓"传心"，是指"传授心法"。"心法"这个词，本来是佛家语，也称"心印"，指的是脱离语言文字之外、以心相印证之佛法。照禅宗的说法，佛祖有一个"教外别传"，是靠一代一代的祖师"以心传心"传下来的。胡安国借用这个词，意思是说孔子作《春秋》，正是古代的圣贤"以心传心"。这样的提法，表明宋代的儒学受到了禅宗的影响。程颐就曾经把"传心"说成是圣贤"传此存天理、灭人欲之法"。胡安国显然是接续了程颐的理论的，他自觉地站在理学家的立场上，把《春秋》说成是"传心之要典"。传心传的是圣心，这个"圣心"，应该就是《春秋》褒贬予夺的根据了；所谓"传心之要典"，就是指《春秋》能够传达出孔子"遏人欲于横流，存天理于既灭"的"圣心"。这样的理解，在前此的《春秋》学者中是很难看到的。那么，为什么要强调是"史外"的传心要典呢？原来这个思想也来自二程。程颐认为《春秋》是圣人的大制作，他把《春秋》提高到"百王不易之大法"的高度来认识，认为《春秋》中的"义"具有圣王行动准则的意义，因此，他强烈地反对以"史"看待《春秋》。但《春秋》的文本确实来自史文，而对《春秋》又绝不能以史书目之，《春秋》远比史书要伟大，是所谓"百王之法度，万世之准绳"，所以胡安国要说这是"史外传心要典"。

胡安国的《春秋传》面世以后，受到了当时的统治者以及士人的欢迎，这主要是因为胡传能紧密地联系社会生活的实际，更能适应当时的思想潮流，满足了当时统治阶层的政治需要。在《春秋传序》中，胡安国把《春秋》大义概括为"尊君父，讨乱贼，辟邪说，正人心，用夏变夷"数项，这基本上是继承了前辈的思想遗产，只是在表述的形式上更具有时代的特征。例如他强调"正人心"，就纯粹是一种理学家的提法，因为理学家主张从个人的修养入手，先要正心诚意，格物致知，然后才能修身、齐家、治国、平天下。至于"正人心"的具体内容，仍然不外是忠孝仁义、伦常名教。胡氏这一类的议论很多，他把《春秋》之所褒、所与、所善，都说成是天理之所存；而把《春秋》之所贬、所不与、所恶，都说成是本当抑绝的人欲。这样一来，就把《春秋》纳入了理学的体系。胡安国说经的方法与前人也没有什么大的区别，而且主观任意的色彩似乎更浓。例如解隐公元年"祭伯来"一条，《左传》不过说"非王命也"，意思是说，祭伯此次来鲁，没有得到王命。而胡氏则称《春秋》所以这样记，是要表明"人臣义无私交，而朋党之原不可长也"。为什么这样说呢？他进一步论证说，隐公之立，并没有得到周王的册封，而祭伯是周王的大夫，却在没有王命的情况下私自来鲁国聘问，那一定是为了他自己的私利。作为臣子，是不应该与诸侯有私下往来的，《春秋》之义，就是谴责小人的结党营私。这样的论证，很明显是借题发挥，逞臆的成分很大，但这也正是北宋以来《春秋》学者的说经路数，胡安国不过是继承延续而已。

胡氏通过发挥，把《春秋》一经变成了名副其实的政治教科书。在他的《春秋传》中，充满了他对政治原则、政治伦理乃至政治结构及其运行机制等等的理解。例如他从"王正月"三个字里发掘出封建的中央集权的原则，说在这三个字（"王正月"本来是说明所用为周王历法的）里，蕴含着"天无二日，家无二主，尊无二上，道无二致，政无二门"的大义。

又如阐述"大臣不可擅权"这一原则，胡安国是从文公九年"毛伯来求金"这一条经文入手的。三传对毛伯之求金，也都以为"非礼"，但那只是从"天子不该向诸侯求货贡"的角度说的；而胡氏则从中挖掘为大臣之道，他说毛伯此次来求金，周王正在居丧期间，毛伯此举，肯定没有得到周王的允许，是毛伯的擅权行为，作为执政大臣，在这非常时期，假借天子的名义以号令诸侯，是大逆不道的，《春秋》记下了这一笔，就是谴责大臣的擅权。像这样的讲解，未免求之过深，恐怕远远脱离了《春秋》文字的本义，但经过这样一番牵强附会的解说，确实把一部原本记事的《春秋》，改造成了教人为政之书。

　　胡安国解说《春秋》的另外一个特征，就是紧密结合时政。胡氏不是一个书斋里的学者，他用世之心极强。在他的《春秋传》里，对时政的关注随处可见，特别是关乎国家存亡的所谓夷狄问题，他每每反复言之，不厌其烦。自汉代以来，"尊王"就被人们看做是《春秋》的头等大义，胡安国除了像前辈学者那样突出"尊王"之义外，同时还特别强调《春秋》中的"攘夷"之义。这也很自然，胡安国生活在两宋之交，他亲眼目睹了北方国土的沦丧，也亲身参加了南方偏安政权的建设。他是一个主战派，不满于某些守土之臣的消极退缩，不满于朝廷对金人的奉币求和，力主收复失地，迎取两宫（指徽、钦二帝），他把这看做是当时的头等大事，所以在他的《春秋传》里，反复宣讲此义。徽、钦二帝被掳的刺激，使胡安国对《春秋》"复仇"之义给予了特别的关注。按照《公羊传》的说法，《春秋》里是有"大复仇"之义的，[①]此义与胡氏抗金复国的主张最为契合。鲁庄公为桓公之子，桓公被齐人杀害，故庄公与齐人有杀父之仇。胡氏就《春

---

① 见《公羊传》隐公十一年，庄公四年、八年，定公四年。

秋》里鲁庄公之事大肆发挥，反复申明复仇之义。他的意思很明白，就是要告诫高宗皇帝，不可忘记父兄被掳的仇恨，而这种仇恨在儒者看来是"不共戴天"的。同时，胡氏也把"复仇"提升到伸张"天理"的高度来认识，这就为抗金复国之业奠定了伦常的基础。

　　胡安国的《春秋传》在南宋十分流行。尽管有学者对他的穿凿、牵强之处提出过一些批评，但胡传的大义是被人们普遍接受的。元明时期，胡传的地位进一步上升，元朝官方就规定，科举考试，"《春秋》许用三传及胡氏传"①，胡传自此也就有了被朝廷认可的正统地位。当时有一位大学者叫吴澄，他在谈论历史上有关《春秋》的解释性著作的时候，首次将《公》《谷》《左》三传与胡安国传并举，称之为"四传"，"《春秋》四传"这一名称此后遂流行于世了。明初之学校科举，大体上一仍元人之旧。永乐年间编《五经大全》，使胡传的地位更为巩固。就这样，胡传与三传并称，甚至跃升为官学的主流经典，这种局面竟维持了三百多年。直到清初，胡传才逐渐受到学者的批判。

第六节　清代的学风变了

　　明朝灭亡，清朝建立，不仅在政治上是天翻地覆的巨大变化，在学术上也发生了转向的契机。梁启超先生曾把从明末至清代三百年学术的主流概括为"厌倦主观的冥想而倾向于客观的考察"，这是很有见地的。"主观的冥想"几个字可以概括明代的学风。原来理学发展到明代，逐渐走上

---

　　①　《元史·选举志一》。

"明心见性"一途，王阳明学说的出现就是这种趋势的代表。到了明代中叶，阳明学派掩袭全国，大有取代程朱理学之势。但阳明学说的流行却是与明王朝的衰败相并行的，故明末清初的儒者，有不少人对阳明学说由厌倦而生憎恶，进而产生了对阳明学说的"反动"。[①] 清初儒者检讨明朝灭亡的原因时，大多认为王学末流谈心谈性，误了一代士人，也误了国家民族，他们认为，明代的士人空疏不学、束书不观，只知背语录，念四书，劳精敝神于八股，连五经的原文都不去读，更不用说阅读古注古疏了。基于这样的认识，清初儒者的治学，就普遍有了一种"求实"的倾向，很多人主张"穷经"，就是要重新深入研究四书以外的儒家经典，《春秋》经传自然也包括在其中。清初这种具有实学特征的对《春秋》经传的研究，可以顾炎武为其代表。

从康熙时代开始，学者批评胡传逞臆说经、纠驳胡传之失者越来越多，学者的兴趣，转向《春秋》经文以及三传，特别是《左传》。顾炎武治《春秋》，有着十分鲜明的"实学"风格。他基本上是把《春秋》看作鲁史旧文，许多前辈经师认为是"夫子特笔""圣人笔削"之处，在顾氏看来，都不过是史文原本如此，其中并无深义。他善于运用考证的方法，归纳的方法，来指出前辈经师牵强附会之处。他的《日知录》中，有几十条读《春秋》经传的札记。这些札记，都是实实在在的考证，完全没有凭主观臆想随意发挥的毛病，堪称实事求是的典范。顾氏对《左传》，有许多精湛的研究，他著有《左传杜解补正》一书，以训诂文字、考证典章名物为主，对《左传》的杜预注有"补"有"正"。由于顾炎武博极群书，故他的说解多能有文献依据，有的是发前人之所未发，有的则是从前人的两个或两个以上的说

---

① 梁启超：《中国近三百年学术史》，中国书店，1985年，第 7 页。

解中，选择出最为恰当的解释。总之他对《左传》的研究，可以说是开了清儒实学的先河。对《公羊传》和《谷梁传》，顾氏持分析的态度。他认为《公》《谷》二传相传受之于孔子的学生子夏，所以有些说法、思想可能确实"得圣人之深意"，然而当时齐鲁之间，经师们师心自用，各自为学，穷乡僻壤，互不沟通，二传当中，"穿凿以误后人者"，也是大量存在的。因此对《公》《谷》二传的解经，一定要加以辨析。应该说这是一种求实的客观态度。

顾炎武只是清初学术的一个代表。那时候有一批学者，不满于明人的束书不观，特别是不满于王阳明学术的空谈心性，提倡一种征实之学，逐渐形成了风气。征实就是主张实事求是，这样就不可避免地要对经典做深入的研究，也就不可避免地要去探究经典的"本义"和"原旨"。汉人去古未远，于是汉人对经典的说解，自然成了人们关注的首选对象。这就引发了学术上的复古倾向。而随着满清政权的逐渐稳固，整个社会正经历着由"乱世"向"太平世"的转化。到了乾嘉时代，清初学者那种亡国易姓的切肤之痛，以及随之而来的对"宗社倾覆"所做的深切反省，在新的一代士人身上已很难见到了，士人对最高统治者所标榜的"稽古右文"日益表现出更多的认同。加以康、雍、乾三朝屡兴文字之狱，士人大多不敢关注现实政治问题，而整理古代的文献，向古代文献中去探索一些具体问题，从文字、音韵入手，把汉人对经典的诠释再进一步做深、做细，就成了士人使用自己心力才智、发挥创造性的最佳选择。梁启超说："凡当主权者喜欢干涉人民思想的时代，学者的聪明才力，只有全部用去注释古典。欧洲罗马教皇权力最盛时，就是这种现象。我国雍、乾间也是一个例证。"①

---

① 梁启超：《中国近三百年学术史》，中国书店，1985年，第21页。

所谓"汉学"，就是在这种条件下重又被人提起并迅速扩张开来的。

　　清代的汉学十分发达，涌现出一大批优秀的学者，像乾隆、嘉庆时期的惠栋、戴震、段玉裁、王念孙、王引之等等，都做出了杰出的贡献。这些学者标榜求古、求真、求是，尊重汉人，提倡音韵、文字、训诂之学，学风朴实，所以汉学也被称为"朴学"。在乾隆以后的很长一段时间里，这种朴学成了清代学术的主流，今天的研究者习称之为"乾嘉学派"。乾嘉学者对《春秋》经传的研究，大体上集中在两个方面：一是文字的校勘、训诂和名物、制度等之考证，二是古注的辑存与疏通，在此基础上，完成了对《春秋》《左传》的新的"注"与"疏"。

　　文字的校勘训诂，是乾嘉学者最重视也最擅长的工作。当时做这种工作的学者很多，王念孙、王引之父子是其中杰出的代表。乾嘉学者往往关注于一个字的读音，一个词的讲法，一处的脱简或者衍文，在他们看来，这些虽然表面上看是小问题，却往往构成经传阅读上的障碍，进而影响对经义、传义的理解。二王等学者以其缜密的思维，渊博的学识，对这些具体问题进行考证，往往能发千古之覆。许多前人的误解得到了纠正；许多虽有前人注解，仍觉牵强别扭之处，在清儒手里变得文从字顺了。《左传》经王氏这样校过，难通的字句怡然理顺，疑义焕然冰解。由于王氏学识渊博，小学功底深厚，所以能够解决古书中的许多问题。在这种学风的影响下，也出现了能够反映新的研究成果的《春秋左传》的注本，其中比较著名的是洪亮吉的《春秋左传诂》。洪氏撰此书，吸收了许多清代学者在校勘、训诂方面的研究成果，纠正了杜预注在训诂、地理等方面的疏漏失误之处。时至今日，这部《春秋左传诂》仍然是一部很有参考价值的注本。

　　随着汉学成为清代学术的主流，经典的汉人的注解就更为人所重视。

这时候，千余年来被视为《春秋》经传诠释之源的杜注受到了前所未有的挑战，清儒已经不满足于这位晋朝人的注解了，他们普遍要求回归汉儒。《左传》虽有汉儒如贾逵、马融、延笃、许淑、服虔等为之作注，但这些注均早已亡佚，只有片言只语，零星保存于经典的义疏以及各种类书等旧籍之中。于是辑佚就成了汉学家的一项重要的工作。当时有一位叫李贻德的学者，对《左传》的贾、服注用力最勤，辑佚、考证成就最大，他作了一部《春秋左氏传贾服注辑述》。这部书分为"辑"与"述"两部分，"辑"就是汉代贾逵、服虔注的辑存，这些汉人的注本，唐以后就都亡佚了，只是在唐人的义疏以及其他一些古书里作为征引文字还保存着若干片断，李贻德就是从义疏等古书里将这些古注搜辑起来的。"述"则是李氏对贾、服注的进一步的疏通解释，实际上也就是李氏所作的新疏。

大约与李贻德同时，有刘文淇为《左传》撰著新疏之举。刘文淇是一位学问淹贯、实事求是的学者，尤其是在《春秋左氏传》上，用力极深。道光八年（1828），刘文淇与刘宝楠、梅植之、包慎言、柳兴恩、陈立等人同赴南京应省试，谈话之间，大家都感到旧的经疏不能令人满意，于是相约分头各撰新疏，撰《左传》新疏的任务交给了刘文淇。后来刘宝楠撰成《论语正义》，柳兴恩撰成《谷梁春秋大义述》，陈立撰成《公羊义疏》，都是能够代表当时最高水平的新疏，而刘文淇的《左传疏》则迟迟没有成书。据史书记载，刘文淇经过几十年的努力，已经完成了长编，晚年开始编辑成书，但只完成了一卷就去世了。他的儿子毓崧继承父志，接着做这项工作，但毓崧的寿命也不永，不久也去世了。毓崧之子寿曾乃发愤立志，要完成父、祖之业，他"严立课程，孜孜罔懈"，可是也仅仅编辑到襄公四年就撒手人寰，年仅45岁。今所见《春秋左氏传旧注疏证》仅到襄公，主要出自刘寿曾之手。①

　　这部历经祖孙三代的《春秋左氏传旧注疏证》，虽是一部未完之作，却很重要。它标志着清人对《春秋左传》的研究达到了一个新的水平。刘文淇与多数汉学家一样，对杜预的《左传》注极为不满，他更看重的是《左传》的旧注（主要是汉人的注）。他在更广泛的基础上搜罗《左传》的旧注，建立起了一套新的《左传》旧注系统，这个"旧注"，既包括贾逵、服虔、郑玄之说，也包括杜林、刘歆等人对《左传》的解释，总之是将汉人的解说收辑大备了。《左传》汉注的建立，总算弥补了乾嘉以来汉学家们在《春秋》学上的某种缺憾。对杜注中的合理成分，刘氏也并非完全抛弃，而是把它降在了"疏"中。接下来所要做的，就是在这新建立起来的"旧注"的基础上，为《左传》作"新疏"了，这就是刘氏所谓"疏证"。刘氏祖孙三代的创造性的工作，也主要体现在这新疏上。新疏的特点，就是取材十分广泛，所谓"上稽先秦诸子，下考唐以前史书，旁及杂家笔记文集，皆取为证佐"，同时最大限度地吸收清代学人的研究成果。这样广泛地取材，使刘氏的新疏，建立在了坚实证据的基础之上。

　　与李贻德的《春秋左氏传贾服注辑述》相比，刘文淇的《春秋左氏传旧注疏证》在体例上更接近于唐人之疏。因为李氏的《辑述》仅就所辑的贾、服注作文章，对传文中无贾、服注之处是不加解释的；而刘氏《疏证》对所辑旧注固然要详加疏解，对没有旧注的传文，如认为有必要，也要加以解释，故有很多处"疏证"是直接讲解传文的，中间并没有"注"这一个环节。刘氏搜罗训诂材料，常常是广征博引，迹近竭泽而渔，这是一种典型的乾嘉风格。全书一百多万字，尚仅及襄公四年而止，其讲解的深入

① 《春秋左氏传旧注疏证》之"整理后记"，科学出版社，1959 年。

细致可以想见。因此，《疏证》堪称是清人对《春秋左传》进行全面讲解的一个最详尽、最精审、收罗材料最为丰富的注本，是乾嘉学风的一部代表作。惜乎此书只到襄公而止，刘氏虽历三世而最终还是没有完成，是很令人惋惜的。20 世纪 50 年代，中华书局曾将这部书排印出版。南京有一位吴静安先生，用了几十年的时间，以一人之力，为刘氏三代未完之书做续，在前几年出版了一部《春秋左氏传旧注疏证续》，使这部极有用的著作终于完整了，对于今天治《左传》之学的人来说是一件大好事。

第八章　晚清公羊学的复兴

　　前面我们提到，清代《春秋》学的主流，是以乾嘉学者为代表的实证研究，也就是汉学研究。当时学者的兴趣，一般集中在经典文本的校勘、训诂、考证等等之上，学者大多反对逞臆空谈，提倡征实之学。这是与东汉古文经学的精神相一致的。自唐以来，《左传》之学就成为了《春秋》学的主体，《公》《谷》二传少有人问津。这种局面到清代依然没有改变。《左传》以史事解经，比起《公》《谷》的空发议论，显然更符合清代学者"征实"的口味。所以自清初以至乾、嘉，研究《左传》的学者数不胜数。但在清儒这种汉学研究的"主干"上，竟也萌生出一段"别枝"来，这就是公羊学的复兴。而这一"别枝"的出现，表面上似乎与主流相违戾，相冲突，实际上却是完全合乎逻辑的。因为汉学家的尊汉复古，虽然最初无不以东汉的许慎、郑玄为依归，但尊汉之风既已形成，则汉人的经学必然都会得到尊重，而公羊学作为西汉经学的主体，重新被发现、被提起、被研究，那就是迟早的事了。而且，公羊学的复兴，也与汉学流弊的日益凸显有关。从清初以至乾隆，汉学日见其盛，学者虽然以实事求是相标榜，但汉学家细碎饾饤、缺乏思想、脱离现实、不重实用等种种毛病，也表现得越来越突出，这种学问常常被有见识的学者讥为"无用"。而比较起来，西汉董仲舒的公羊学，则有着更强的思想性，更易于与现实政治需要相结合，更便于学者的发挥。因此在传统的汉学已臻极盛、很难再有开拓空间的时候，学者转而开发西汉公羊学的思想矿藏，就是很自然的事了。

第一节　刘逢禄向《左传》发起进攻

在清代最早提倡公羊学的，应该说是庄存与。庄存与是武进人，[①] 他是乾隆十年（1745）一甲二名进士（榜眼），官至内阁学士、礼部侍郎。他是一名学者型的官僚，或者亦可称为官僚型的学者。他博通经典，尤精于《春秋》公羊之学，这与他的家学渊源及当时常州的学术风气不无关系。他的家族，世代在科举上的成就都很突出。而常州学术，自明代以来就有一种经世的传统，常州学者一般都更为关注政治与实务。[②] 成功的举业，加上强烈的经世意识，决定了庄存与不会醉心于惠栋、戴震式的汉学考据之中，而是选择了治《春秋》公羊学的学术道路。

庄存与认为公羊学者对《春秋》的经义挖掘最深、最为准确，他主张全面继承董仲舒、何休（何休是东汉人，著有《公羊解诂》一书，是保存至今的最古的《公羊》注本）的学术，专力发挥《春秋》中的微言大义。他著有一部《春秋正辞》，极力维护董仲舒、何休的学说。但是庄存与的学术，影响的范围比较小，仅限于他的几个学生和亲属。在他之后，最能发扬公羊学说的，是他的外孙刘逢禄。

刘逢禄对多种经典都有深湛的研究，而对董仲舒、何休的学术，兴趣

①　武进清属常州府，故人称庄存与之学为常州学派。

②　参看［美］艾尔曼：《经学、政治和宗族——中华帝国晚期常州今文学派研究》，江苏人民出版社，1998年，第51页。

最浓。刘逢禄对汉学有他独特的理解，他所谓"汉学"，是通西汉、东汉而言的。在他看来，汉代的儒者，在《公羊传》上真正是创通了大义、阐发了微言，比较起来，《春秋》学应该是汉代经学的核心与主干，用他的话来说，"《春秋》者，五经之管钥也"①。一般乾嘉儒者也都很重视《春秋》，不过他们大多认为《春秋》是鲁史之旧文，只是直书其事，褒贬自见，并无所谓"一字褒贬"，也没有什么"义例"。三传之中，一般都比较看重《左传》，认为《左传》记事具体翔实，可以补《春秋》之阙；至于《公羊》，则以为是空发议论，没有实据，所以不足凭信。当时号为通儒的钱大昕、纪昀、郝懿行等，都发表过类似的意见。刘逢禄认为，这种观点是十分有害的，这是对《春秋》经传价值的公然的贬低，结果必然会导致人们将《春秋》经传束之高阁。刘逢禄坚守《公羊》的阵地，坚持"一字褒贬""三科九旨"诸说，认为这样才能够彰显《春秋》之所以为"经"，而不是一般的记事之史。刘逢禄大大拓宽了汉学的范围。在他看来，贾逵、马融、许慎、郑玄固然是汉学，董仲舒、何休也是汉学；古文家的训诂、小学固然是汉学，今文家的义理之学也是汉学，而且是更重要的汉学。就《春秋》学来讲，复古尊汉，一定要回归到董仲舒，回归到何休，这才是真汉学。这样，他就继庄存与等人之后，继续高揭《公羊》的大旗，在乾嘉诸儒的汉学园地里另辟了一条新路。

刘逢禄作为今文家，对古文经典采取深拒固闭的态度。特别是对《左传》，他的看法与西汉博士一脉相承。但他生当考据学发达的乾嘉时代，深知简单的否定、激情的排斥是不能解决问题的，于是他转而求助于考证，用古文经学家所擅长的考据方法，解析古文经典，试图从根本上击垮古文

---

① （清）刘逢禄：《春秋公羊经何氏释例叙》，《皇清经解》本。

经学的经典依据，从而确立今文经典的正统地位。

　　《左传》究竟是一部什么样的书，此书到底是不是《春秋》的"传"，这个问题在汉代就已经发生了。西汉博士所持"《左氏》不传《春秋》"的观点，在其后漫长的历史时期里，不断启发着后人探索的兴趣。晋朝人王接明确提出："《左氏》辞义赡富，自是一家书，不主为经发。"① 意思是说，《左传》不是为了解释《春秋》而作的。至于为什么是这样，他却没有论证。唐代有人把《春秋》与《左传》说成是两种不同性质的书（经与史），还有人对"左丘明是与孔子同时代的人"这一点也表示了强烈的怀疑。宋人疑《左传》的就更多了。刘逢禄在前人疑《左》的基础上，对《左传》进行了全面的考证，撰《左氏春秋考证》二卷。此书的上卷，是对《左传》传文的考证，试图证明刘歆窜伪之迹；下卷则是对典籍中与《左传》相关的记载的考证。

　　刘逢禄的着眼点，首先落在了《左传》的书名上。他根据《史记》言"左氏春秋"而不言"左氏传"这一现象，推断此书的性质本来就不是《春秋》之传，而是有人把它改造成了《春秋》之传。那么这个改造的人是谁呢？刘逢禄说是刘歆。他认为《左氏春秋》本来自是一部史书，是作者利用当时尚存的各诸侯国的史籍"编年为之"，与《春秋经》并无关系，所以有不少年头是"阙事"的。而到了刘歆手里呢，则强把《左氏春秋》改编成了《春秋》的"传"，刘歆采取的办法，大体上有三招：一是就经文本身增加一些解经的话，使《左传》看起来像是解经的书；二是将《左氏》本文拆散，同时兼采其他书上的记载，分别放到各年之下；三是直接采用《左氏》原文，而增加一些春夏秋冬等表示时间的词语。在刘逢禄看来，

---

　　① 　《晋书·王接传》。

《左传》就是这样由刘歆编造而成的，所以《左传》中一些曾经遭到前辈学者怀疑的东西，例如书法、凡例、"君子曰"、解经语等等，都可以算在了刘歆的账上。刘逢禄既不满于刘歆的作伪，于是慨然以恢复《左氏春秋》的本来面目自任，他认为《春秋》与《左传》这两部书，"离之则双美，合之则两伤"，应该删汰《左传》中"书法、凡例及论断之谬于大义、孤章绝句之依附经文者"，"以《春秋》还之《春秋》，《左氏》还之《左氏》"。刘逢禄的论断，对《左传》是致命的打击，他否定《左传》之解经，实际上就是把《左传》从经学中剥离出去，使之成为纯粹的史学著作。这在今人看来似乎算不了什么，但在当时，却是动摇了古文经学的根基。

　　刘氏之说，在当时及后世的影响很大。由于《左传》的疑点甚多，例如若干传义之不合儒家正统思想、经与传之不能完全对应、解经语有明显的嵌入痕迹等等，加之刘氏的结论都是通过"考证"得出来的，在那崇尚考证的时代里，刘氏之说自然容易获得人们的信仰。然而经过现代学者的研究，所谓刘歆伪造说还是被推翻了，《左传》之解经的性质已被多数学者所承认。现在再回过头来看刘逢禄的所谓"考证"，就会发现存在许多武断、牵强及不合理之处。他只是抓住了《左传》的若干疑点，例如左丘明的问题，例如《左传》的传授系统问题，某些书法、凡例问题，并没有找到刘歆作伪的真凭实据。他揭发刘歆作伪之迹，也往往缺乏坚确的证据。他为了证明《左氏》不传《春秋》，对《汉书》等书中所记《左传》之传授系统也一概予以否定，这就更显得偏执了。

第二节　提倡经世致用的龚魏新学

在刘逢禄的那个时代，汉学正处于由盛转衰的关口。刘逢禄巧妙地扩大了汉学的范围，由东汉之学进而研究西汉之学，也就由章句训诂之学转入了义理之学。他继承了庄存与的学统，旗帜鲜明地推崇董仲舒、何休的公羊学，全面复原董、何之学的旧貌，猛烈攻击古文经典，在乾嘉朴学独步一时的学界建起了今文经学的营垒。当然，他也没有忘记利用乾嘉朴学的考据方法，因此，他的学术也得到了不少来自朴学考据派的同情。

但是刘逢禄毕竟仅仅是一位经师，他缺乏政治理想，缺乏利用经典来治国安民的意识，也缺乏改革政治现实的胆识。他的尊今文、抑古文，纯粹属于经学家派上的主张。但到了他的学生一辈，情况就发生了变化，清王朝的统治越来越显露出衰败的迹象了。历史在召唤改革者。刘逢禄所提倡的今文经学，成了他的学生以及后人主张政治改革的依据和理论基础。

刘逢禄有两个杰出的学生：龚自珍和魏源。龚、魏生活的时代，清王朝的盛世已过，各种社会矛盾逐渐显露出来。道光、咸丰以还，国家危机四伏，资本主义列强也加紧了侵略的步伐，鸦片之为害，已日益明显，国家积弱积贫，官僚腐败低能，民众困苦无告。统治阶级中的有识之士，已经意识到了这个国家非改革现状不足以继续生存下去了。龚自珍和魏源，就是这个时代具有强烈忧患意识的士人的杰出代表。龚自珍（1792—1841），字璱人，浙江仁和人。道光九年（1829）进士。他是段玉裁的外孙，从小就打下了深厚的小学功底。但他并不以朴学自限，而专喜言义理，治经偏爱今文经学。魏源（1794—1857），字默深，湖南邵阳人。道光二十四年（1844）进士。他的经学修养极其深厚，是 19 世纪中叶最重要的今文学者。

龚自珍和魏源，在当时都是天下闻名的"奇才"，二人思想接近，志趣相投。他们在政治上都没有什么大的作为，却都有澄清天下、改革现实的大抱负。他们关心朝廷政事，关心百姓疾苦，所谓"朝章国故""漕、盐、河、兵"，靡不究心，①经世的意识极强。他们从刘逢禄那里继承了公羊学的遗产。龚、魏二人都具有变革的思想，他们不满意于传统儒学的"言必称三代"，而具有历史进化论的观点，他们相信"天下无数百年不弊之法，无穷极不变之法"②，主张变法，主张改制。对于西洋的新鲜事物，并不一味地排拒，而是主张学习。在这方面，魏源比龚自珍表现得更为激进，他甚至提出了"师夷长技以制夷"③的口号。在他们那个时代，士人尚没有接触到什么先进的理论，他们的变法图强的主张，也只能到儒家的经典里去找根据；而在传统的儒学当中，公羊学讲"微言大义"，讲"三科九旨"，讲"张三世""存三统"，是最易于在政治改革的层面上进行发挥的。因此，在那个时代，公羊学说就特别受到具有改良思想的士人的欢迎。

这里有必要简单地介绍一下公羊学的"三世说"。《春秋》始于隐公，终于哀公十四年，在《公羊传》里，把《春秋》这 242 年分为了三个阶段，即"所见世""所闻世""所传闻世"。这里的所见、所闻、所传闻，都是以孔子为主体（因为传统的说法是"孔子作《春秋》"），是说《春秋》十二公的事迹，有的为孔子所亲见，有的为孔子所得闻，有的则是孔子得

---

① （清）魏源：《明代食兵二政录叙》，《魏源集》，中华书局，1976 年，第 165 页。
② 同上，第 432 页。
③ 同上，第 207 页。

之于传闻。《公羊传》为什么要分这"三世"呢？推测这种阶段的划分，最初可能是用来解释《春秋》"书法"的，即试图说明相同类型的事情，在《春秋》的不同阶段里，有"书"有"不书"、有这样"书"有那样"书"种种区别。《公羊》的本意，大约是说，《春秋》242 年中，后期的事，多为孔子亲见亲历（所见）；中期的事呢，孔子可能都曾听说（所闻）；而早期的事，恐怕是孔子得之于传闻（所传闻）。为什么《春秋》始于隐公呢？隐公时事为孔子之祖父所得闻，孔子得之于其祖（对孔子来说是传闻），故《春秋》始于隐公。既然材料的来源各不相同，故记载的用语有差异（这就是所谓"异辞"）。到了何休的时代，已把"三世"解释成了"据乱世""升平世""太平世"，成了所谓"三科九旨"中的一个重要组成部分。在这里，"据乱世"对应的是"所传闻世"，"升平世"对应的是"所闻世"，而"太平世"对应的是"所见世"。你看，从孔子的远祖时代到孔子生活的春秋晚期，社会是由动乱经升平到太平这样发展着的。但实际上呢，春秋末期礼崩乐坏，社会动荡，战乱不已，哪里谈得到什么升平、太平！所以说公羊家的这种理论，其实是他们设计的一种以历史进化论为基础的社会发展模型，《公羊》学者鼓吹"三世"说，是为他们的变革的主张、"法后王"的主张服务的。在龚自珍看来，"三世"是一个相对的概念，其中的某一个历史时段可以分为三世，整个人类社会也可以分为三世，社会总是在不断的进化之中，他就是这样利用公羊学说来宣传他的进化史观的。

　　与龚自珍一样，魏源也鼓吹"三世说"。魏源是一位激进的改革论者，他不相信祖宗之法是永恒不变的，他认为后人之于前人，总是有因革，有损益，而且后世总要胜过前代。同时，他又主张向外国学习，吸收"夷人"

的长处。而传统的公羊学，有三统论、三世说等等理论，都是讲变易、讲进化的，因此这个理论深受魏源的欢迎。龚自珍、魏源等人，他们鼓吹公羊学说，实际上是抱着救世的目的的。正是从这个时候起，以公羊学为核心的今文经学逐渐成了有政治改革思想的士人的武器，公羊学的影响也越来越大。不过对公羊学的研究，19世纪中叶以后，实际上是沿着两条轨道进行的，一为政治化或政论化的轨道，二为纯学术的轨道，二者并行不悖。当时也有一些学者，走的是纯学术的道路，像陈立、皮锡瑞等人就是这样。他们的著作，都能以乾嘉诸老的方法，阐释今文经典，说经朴实平正，实事求是。而在政论化的轨道上，最突出的代表人物则是康有为。

第三节　康有为利用《春秋》公羊学鼓吹变法

康有为是中国近代历史上举足轻重的人物。他不是一个纯粹的学者，而是清末一位伟大的爱国者和改革家。他来自旧的营垒，熟悉所有的儒家经典，深知传统的意识形态在士人中间有着何等强大的控制力。因此，他的主张变法，主张改制，不肯采取那种自我作古、自创理论的形式，而是借助于古人，借助于经典。他认为孔子虽有圣人之德，却无天子之位，不敢公然议礼、创建制度、作礼乐，故只能将他的改革主张托之于六经，托之于先王。康有为效法孔子，成了清末维新派中最善于利用儒家经典"托古改制"的一位。

康有为托古改制的思想，集中体现在他的两部著作中，一为《新学伪经考》，一为《孔子改制考》。

康有为认为《春秋》一书是孔子的"制作",对古文学派的"赴告策书"之说,他坚决反对,以为如果真是那样,孔子岂不成了一位"誊录书手",怎么能说是"作《春秋》"呢?至于孔子这一"制作"的内容,康有为认为"皆孔子明改制之事"。① 他认为《春秋》一书,"专明改制",就好像是一部"《大孔会典》"。② 这是他对《春秋》的最基本的看法。而在《春秋》三传之中,康有为则唯尊《公羊》,他说只有《公羊传》能够发明"《春秋》之义"。他认为《公羊》中有非常鲜明的孔子改制思想,这种改制当然是"托古改制",最突出的就是"三世"说。

康有为根据《公羊》之说,认为孔子之作《春秋》,是为后世立"法"。孔子虽有大德,但毕竟只是一介布衣,他没有天子的地位与权力,因此为后世立法,只能采取假托的手法。孔子用《春秋》史事作为基本素材,加以"笔削",把他的"义"寓于简单的文字之中。所以对《春秋》中的人物、爵等、国号、礼制之类,均不可实看,而应看作是某种假托。这种"假托",完全是为了立法、改制,所以《春秋》实际上是孔子假托的代周而立的一个"新朝",而鲁则被假托为当时的王者。据康有为说,鲁国的隐公、桓公,不过托为王者之远祖,定公、哀公呢,则为王者之考妣。像齐国、宋国这些诸侯国,不过是扮演着大型、中型诸侯国的角色,而邾娄、滕、薛等等的存在,也只是为了让人能看到一大批小国的影子。这样一来,有王者,有形形色色的大小诸侯,于是一个新的王朝就拟造出来了。而孔子正是以这个新"王朝"史事为例,来说明应该怎样做,不应该怎样做,什么是合乎"礼"的,什么是不合乎"礼"的,这些就是孔子要发挥的"义"。

---

① 康有为:《春秋董氏学》,中华书局,1990年,第119页。

② 同上,第112页。

所谓孔子的托古改制，就是这么一回事。

康有为是一位改革家，他与一些动不动就歌颂三代圣王的儒者不同，实际上抱持的是一种"进化史观"。康有为相信，人类历史的演进，是一个逐渐由野入文、积粗为精、由恶而善、由私而公的这么一个理性进化过程。所以人类的"黄金时代"，不在过去，而在未来；不在尧舜之世，而在百世之后。[①]康有为充分利用了《公羊》的三世说，他把原先局限于《春秋》242年间的"三世"普遍化，使之成为整个人类历史的通则，在他看来，人类文明的进化是有一定次序的，就是由"据乱世"而"升平世"，而"太平世"，层层升进，有条不紊。各族各国的进化可能有先后的差别，但最终都是要进入太平之世、大同之境的。康有为又从《礼记·礼运》中，把传统的"大同小康"之说挖掘了出来，与"三世说"相配合，于是作为人类历史通则的"三世说"，又有了具体的内容。"所传闻世"，就是"文教未明"的乱世；"所闻世"即"升平世"，逐渐有了文教，可以称之为小康世；而"所见世"是"太平世"，太平世的特征是"远近大小如一，文教全备"。至于什么是文教，什么是大同、小康，康有为的说法与《礼运》篇并没有什么不同。由于大同、小康云云均是托之于孔子之口说出的，这就使《公羊》三世说更具备了孔门正统学说的资格。不过值得注意的是，孔子所说的大同、小康，是先有大同，后有小康；而在康有为那里，顺序恰好相反，大同成了理想社会的终极目标。他毕竟不是在一般性地诠释经典，而是在利用经典，利用《公羊春秋》，他把公羊学说当作他的历史观的源头和根据，用《公羊传》来发挥他的政治主张。例如他"以多君多教

---

① 许冠三：《康南海的三世进化史观》，《近代中国思想人物论——晚清思想》，台北时报文化出版事业有限公司，1980年，第538页。

为据乱世，一君一教为升平世，无君无教为太平世"①，他认为"大约据乱世尚君主，升平世尚君民共主，太平世尚民主"②，这就很明显是在为他的君主立宪的主张寻找理论根据了。

---

① 许冠三：《康南海的三世进化史观》，《近代中国思想人物论——晚清思想》，第 572 页。

② 康有为：《孟子微》，中华书局，1987 年，第 19 页。

第九章　近代以来《左传》的真伪之争

《左传》这部书，自汉代以来，就有些争议，一些学者，特别是今文经学家，往往怀疑或者不承认《左传》是解经之书。像前面提到的晋朝人王接那样的议论，就很典型。魏晋以后，《左传》逐渐成为《春秋》学的主流，这种争论也就渐渐消歇了。晚清今文经学复兴之后，《左传》的一些疑点又被人提起，像刘逢禄这类的学者，高举今文经学的大旗，对《左传》发起攻击，火力之猛，非同寻常。而古文经学的阵营里呢，也不断有人撰文，捍卫《左传》的古文经典地位。

讲到《左传》的真伪问题，实际上可以从两个层面加以分析。第一个层面是：《左传》是一部先秦的古书呢，还是出自汉人之手的伪作？如果这个问题能够解决，那么还有第二个层面：《左传》是解经的书吗？这部书是从一开始就是为了解经而作的，还是本来是一部与《春秋》无关的书，后来被人改造为解经之传？近代以来，在这两个层面上，一直存在着争论。

第一节　康有为是"反方"的主将

康有为是个今文家，他在充分利用今文经典的同时，对古文经典抱持一种完全排斥的态度。康有为作了一部《新学伪经考》，专门来攻驳他所谓的古文伪经。那么什么是"新学"呢？康有为认为，从《史记》的记载来看，西汉时的经典只有今文经，而根本不存在诸如《毛诗》《古文尚书》《逸礼》《周官》《费氏易》《左氏春秋》等古文的经典，这些古文经典只见于《汉书》，可见是出于刘歆的伪造。在康有为看来，《汉书》的作者班固是刘歆的拥趸，他的学问大都是来自刘歆，而刘歆是王莽的支持者，王莽建立的是"新朝"，所以刘歆的学术就被称为"新学"，这些古文经典也就成了"新学伪经"。《左传》自然是其中之一了。刘歆伪造《左传》，这是刘逢禄的观点，但刘逢禄仅说《左传》本来叫"左氏春秋"，是一部先秦古书，不是《春秋》的传，后经刘歆的改造，成了解说《春秋》的传。康有为则更进了一步，他说《左传》与《国语》本来是一部书，先秦时只有《国语》，没有《左传》。他根据《史记》"左丘失明，厥有《国语》"等一些话，认为司马迁当时所看到并且大量征引的其实就是《国语》。而《左传》呢，那是刘歆从《国语》中"割裂"出来的。他说刘歆是想"自立新说以惑天下"，于是就从古书里寻找资料，发现《国语》的时代与《春秋》差不多，于是就悍然删去了《国语》中平王以前的那些记事，把《国语》拆散，依照《春秋》的编年，把《国语》中的那些史事分别附加在各年之下，这样就编成了一部《左传》。同时，刘歆还仿照《公》《谷》的样子，也加入了一些"日月例"。为了使他的伪造更加可信，刘歆还对《左传》经文中的个别文字做了改动，加进了"续经"（《公》《谷》的经文截止于哀公十四年，《左传》的经文多出了两年，截止于哀公十六年，这最后两年古人习称为"续经"），续经的最后一条是"夏四月己丑孔丘卒"（而且《左传》上还记载了鲁哀公悼念孔子逝世的话），有意显示与《公》《谷》不同，好像古文经是很有来头的，跟孔子的关系更为密切。

但是康有为的这种说法并不容易讲通，因为除了《史记》之外，别的古书里能够说明有《左传》存在、有"古文"典籍存在的证据也还不少。康有为如果要彻底否定《左传》的古文经典地位，就得想办法把这些证据统统予以抹杀，于是他又指责刘歆对别的经典以及《史记》中的相关内容都做过窜改，这就是所谓"遍伪群经以证其说"。例如《史记·儒林列传》有这样一段记载，说孔安国用家藏的《今文尚书》，跟当时新出的《古文尚书》比对，发现《古文尚书》多出了十余篇。这段记载足以说明司马迁时是有《古文尚书》的，康有为就认为这段话是刘歆"窜入"，可是他又拿不出什么可信的证据。又如《史记·十二诸侯年表序》有这么几句话："鲁君子左丘明，惧弟子人人异端，各安其意，失其真，故因孔子史记具论其语，成《左氏春秋》。"历来《左传》学者都很重视这几句话，引以为左氏传经之助，而康氏则认为这几句话也是刘歆伪窜。眼见"安其意、失其真"云云与刘歆《七略》里的说法一样，康有为不说这是刘歆引用《史记》，硬是断定《史记》此处用的就是刘歆的话。① 对于《汉书》里那些与《左传》相关的材料，康有为更是归之于刘歆，他说班固是一个"浮华之士"，本没有什么学问的，他修撰《汉书》，全部抄自刘歆的著作，自创的仅有两万来字，可见班固沉溺于刘歆之学已经很久了。② 康有为对于"刘歆窜乱"的论证，基本上都是这样的，其武断与缺乏学术价值，是显而易见的。

① 康有为《新学伪经考》之《〈史记〉经说足证伪经考第二》，三联书店，1998 年。
② 康有为《新学伪经考》之《〈汉书·刘歆王莽传〉辨伪第六》，三联书店，1998 年。

第二节 《左传》毫无疑问是一部先秦古书

康有为关于刘歆伪造《左传》、窜乱群书的意见，在当时曾引起不小的反响，特别是在主张维新、改良的学者当中，康氏说法的影响还是很大的。直到 20 世纪的初叶，相信《左传》由《国语》割裂而来的学者仍很不少。很多学者因为有"刘歆伪造"这样的阴影，对利用《左传》来作先秦史的史料，仍持十分谨慎的态度。当然，反对康说者也不少，像章太炎、刘师培等人（他们是古文经学家），都曾激烈地反驳康说，捍卫《左传》的经典地位。上个世纪初，对《左传》做客观研究的人越来越多，研究的手段也越来越丰富。随着学术研究的深入，刘歆伪造《左传》之说逐渐被人们抛弃。

在众多研究《左传》的学者当中，有一位瑞典的汉学家，叫高本汉，写了一篇论文《论左传之可信及其性质》，在 20 世纪二十、三十年代的中国学术界，引起了相当的震动。这篇文章最初是用英文发表在国外刊物上的，那是在 1926 年，作者寄赠了一册给胡适先生。1927 年 4 月，胡适在太平洋旅途的船上看了这篇文章，感觉有必要向国内的学者介绍，于是做了详细的摘要，寄给了顾颉刚、钱玄同两位先生。他在信里说，希望能够把这个摘要发表出来，引起大家的讨论。此后不久，有学者陆侃如先生把此文译成了中文，由新月书店出版，改题为"左传真伪考"。这篇《左传真伪考》分为两部分，第一部分论述《左传》成书的历史以及历来关于此书真伪的不同观点。高本汉的主张非常明确，他认为《左传》就是一部秦始皇焚书以前就已存在的先秦古书，他列举了很多文献上的证据，最主要的，是把《史记》与《左传》记载同一件事的地方一一找出，然后加以比较，结果发现，一般都是司马迁将《左传》中不大好懂的文字或者不大符合汉人说法的文字加以改动，使之更便于阅读，这就如同《史记》记载三代事迹，取材于古奥难懂的《尚书》，同时将《尚书》中的文字"翻译"成汉代通行的语言一样。高本汉的结论是《左传》在前，《史记》在后，司马迁引用了大量《左传》里的材料，可见《左传》在司马迁之前就早已存在了。

　　《左传真伪考》的第二部分最有意思，这是对《左传》语法结构的讨论。高本汉的研究方法十分新颖，此前的中国学者都没有这样做过。因为《论语》《孟子》记载了大量鲁人的言论，高本汉就把《论语》《孟子》作为能够代表鲁地方言的"鲁语"之书，用来跟《左传》进行比较，看一看《左传》的作者使用的语言与《论语》《孟子》是不是一致。高本汉选取了七种虚词的使用作为比较的样本：（1）表达"如果""好像"的意思时是用"如"还是用"若"（《左传》表达"如果"的意思多用"若"，而《论》《孟》多用"如"；《左传》表达"好像"的意思多用"如"，《论》《孟》则"如""若"混用），（2）"斯"作"则"字解（《论》《孟》常见，《左传》基本没有），（3）"斯"作"此"字解（《论》《孟》常见，《左传》不见），（4）"乎"作"于"字解（《论》《孟》常见，《左传》仅见），（5）"与"字作疑问词尾（《论》《孟》常见，《左传》不见），（6）表达"和"这个意思时是用"及"还是用"与"（《左传》常用"及"，《论》《孟》只用"与"），（7）表达"在"这一类意思时是用"于"还是用"於"（《论》《孟》"于""於"不分，《左传》有分别）。比较的结果，高本汉证明了《左传》的文法与《论语》《孟子》有很大的不同，故他认为《左传》既非孔子所作，也非孔门弟子或"鲁君子"所作。同时，为了回答《左传》是不是从《国语》中割裂出来的问题，高氏又加上了两项："吾""我""予"三个第一人称代词的使用，"邪""耶"两个语气词的使用，这样一共是九项标准，用来比较《左传》《国语》的文法。比较的结果，二书在第一项"如""若"之用法上，区别较大，其余八项均相符合。所以高氏认为《左传》《国语》二书应当是使用同一方言的人所作。但因第一项之不同以及二书内容之不同，又绝非一人之作。高本汉又把《庄子》《吕氏春秋》《战国策》《荀子》《韩非子》这些战国晚期的书放在一起进行比较，从中总结出公元前3世纪文法的大概情形，发现《左传》的文法与上述战国晚期的文法有相当的距离，推断《左传》当作于公元前3世纪之前，而不会是在其后。

受到高本汉的这种研究方法的启发，有学者又做了更为精密的研究，同时也弥补了高本汉的一些缺漏。例如冯沅君撰文，考察《左传》《国语》用字之异同。同时，冯氏还考证了《左传》《国语》之记事，指出二书共说一事而二文不同之处凡15则。冯氏的考证亦有缺失，后来均有学者加以纠正，但总体来说，在高本汉的基础上，进一步证明了《左传》《国语》乃不相干的两部书。20世纪30年代，孙海波撰《国语真伪考》，说《国语》记事重出于《左传》者60余事；两书虽记一事，事实多不相同，足见《国语》与《左传》，不是一书之分化。童书业先生撰《国语与左传问题后案》一文，从五个方面对《左》《国》加以比较：（1）记事重复，（2）记事冲突，（3）文法不同，（4）文体绝异，（5）古史传说冲突。他的结论也是：《左》《国》绝非一书之分化。杨向奎先生也曾于30年代撰文，证明《左传》中的"君子曰"是原来就有的，绝不是出自刘歆的"附益"。①

　　1930 年，钱穆先生发表了《刘向歆父子年谱》一文。表面上看，这只是一部名人年谱，可事实上，这篇文章从根本上推翻了刘歆伪造《左传》的谬说。作者对刘向、刘歆父子的生平做了非常细致的梳理和考证。刘向去世是在汉成帝绥和元年（前 8），刘歆接替其父整理皇家藏书是在转年（前 7），而他争立古文经博士、以公开信的形式与今文博士论战是在哀帝建平元年（前 6），此时他刚刚上任不足一年，作者问道：要说是刘歆遍伪群经，是在刘向未死之前呢，还是在刘向已死之后？若说是在刘向未死之前，那刘向怎么会不知道？若说是在刘向已死之后，那刘歆才接任几个月，他哪里有时间"遍伪群经"？② 这部年谱以及上述学者们的一系列研究工作，完全推翻了刘歆割裂《国语》、伪造《左传》的臆说。时至今日，《左传》作为一部先秦古书的定位，已是牢不可破的了。

第三节　《左传》从一开始就是解经的吗

　　《左传》是一部先秦古书，这个问题已经解决了。但《左传》在编撰之初，就是一部解释《春秋经》的"传"吗？或者换句话说，《左传》从一开始，它的作意就是解经的吗？这个问题，学者间争论了有两千多年，可以说，直到今天，也还没有完全解决。前面提到的与刘歆作对的汉廷博

----

　　①　杨向奎：《论左传之性质及其与国语之关系》，《绎史斋学术文集》，上海人民出版社，1983 年，第 174 页。关于高本汉、冯沅君、孙海波、童书业等人的论述，亦请参阅杨氏此文。

　　②　参阅钱穆：《刘向歆父子年谱》，《古史辨》第五册，上海古籍出版社，1982 年，第 101 页。

士、晋朝的王接、清代的刘逢禄康有为等人，都是主张《左传》本来与《春秋》没有关系的，只是后来被人改造成了《春秋》的传。实在说来，这种观点也不是完全没有道理，因为《左传》中确实存在着一些令人生疑的地方，最主要的，恐怕就是《左传》的传文与《春秋》的经文不能完全的契合：《春秋》的经文截止于鲁哀公十四年，而《左传》则终止于鲁哀公的二十七年，这多出来的十三年，《左传》解的是什么经呢？《左传》中有不少传文，在《春秋》中找不到与之相对应的经文，这些传文人们称之为"无经之传"；《左传》如果是解经的，怎么会有这些"无经之传"呢？而且，《左传》中的"君子曰"、解经语等等，往往有很明显的"嵌入"的痕迹，清儒皮锡瑞就曾指出过，在"郑伯克段于鄢"那篇传文里，夹着一段"书曰……难之也"的解经的话，他说如果把这段解经的话拿掉，原文显得更加顺畅，可见这段解经语是后来加进去的。正是因为有这些疑点，在现代学者中，也有不少人怀疑《左传》最初并不是《春秋》之传。

顾颉刚先生提出过一个"左传原本"的概念，他说这部"左传原本"是一种杂记体的史书，就像《国语》、《战国策》、《说苑》、《新序》、《世说新语》、《唐语林》、《宋稗类钞》、清代野史之类，其故事是一条条的。这部"左传原本"在刘歆以前早已存在，后来被人改造成了说解《春秋》的"传"。[①] 胡念贻先生说，《左传》本来是一部叙事较详的史书，是公元前五世纪的一部私家著作。后来有人往里面加进了一些解经的话，把它改造成了一部解经的书。[②] 赵光贤先生也说：我们今天看到的具有编年形式的、而且有很多解释语的《左传》，并不是《左传》的原本，而是

---

① 　顾颉刚：《春秋三传及国语之综合研究》，巴蜀书社，1988 年，第 36 页。
② 　胡念贻：《左传的真伪和写作时代问题考辨》，《文史》第 11 辑，第 3 页。

后人改编的结果。《左传》原本是杂采各国史书而成的，最初不过是一种史事的汇编，并不是编年之史，与《春秋》本来是不相干的两部书。①

上述这些说法有一个共同点，那就是认为我们今天看到的《左传》，其成书的过程实际上分为两个阶段：先是有一部先秦的历史类的古书，后来有人对这部古书加以改造、改编，使之与《春秋》相配合，成为了《春秋》的"传"。持有这类观点的学者，显然是不承认今本《左传》从一开始就是《春秋》之传的。

但是学术界还有另外一部分学者，他们坚信《左传》就是为了解经而作的，并不存在什么先有一部"左传原本"，后来有人加以改编、改造这回事。这种观点看起来与古文经学家的说法一致，是一种比较传统的认识，但现代学者的研究，已完全摆脱了旧时今古文经学家法的羁绊，立论更为客观，思路更为缜密。特别是近二三十年以来，学者们对《左传》最初的撰作进行了一些新的探索，越来越多的证据显示，"《左传》是为解经而作的"这样的结论，也许更符合历史的实际。例如赵生群在所著《春秋经传研究》一书中，对《左传》是"传"还是"史"做了考察，他用"史"的标准来衡量《左传》的记事，发现很多的地方不合史法，而从解经的角度来看，则完全讲得通。所以他认为《左传》在今日虽然是一部重要的历史文献，但其撰作之初，确是为了解经的，《左传》中那些解经的话也不是后人所加，而是原来就有的。②

笔者在 20 世纪 90 年代也曾写过一篇论文，题目是"《左传》无经之传考"，提出了《左传》"一次成书"说，意思是说，《左传》的撰作，

---

① 赵光贤：《左传编撰考》，载于《古史考辨》，北京师范大学出版社，1987 年，第 137、140 页。

② 参阅赵生群：《春秋经传研究》，上海古籍出版社，2000 年。

是一次完成的。这里所谓"一次完成"，是指《左传》作为一部完整的解经著作，其排纂史料与撰写解经语是同时进行的，并非如有些学者所说，先有一部"记事的《左传》"，后来才出现"解经的《左传》"。为什么要专门考察"无经之传"呢？因为许多怀疑《左传》原本与《春秋》不相干的学者，都是强调《左传》里有大量的"无经之传"，既然有好多传文跟经文无关，那当然可以说《左传》最初与《春秋》无关了。笔者在前辈学者研究的基础上又做了更深入的探讨，发现有许多所谓无经之传其实是"有经"的，也就是说，这些"无经之传"其实跟解经是有某种程度的关系的。细审《左传》全书，我们会发现，竟有相当多的年份传文与经文基本上是一致的，也就是说，这些年的传文绝大多数都是解经的（至于解经的方式则各不相同），极少存在无经之传。以鲁文公在位的 18 年为例，在这 18 年中，《左传》的记事有 139 条，只有一两条与《春秋经》无关，其他的传文都是解经的。又如定公、哀公一共 29 年，除了个别的例外，传文都是与解经相关的。如果说《左传》原本与《春秋》不相干，那经文与传文怎么会如此契合？对所谓的"无经之传"，笔者也做了一些分析，这些无经之传也大都有其产生的理由，或者是由于叙事的需要，或者与《左传》的材料来源有关，或者是因经文脱漏所致，总之所谓"无经之传"大都可以获得合理的解释。至于为什么《左传》里的解经语有那么明显的"嵌入"的痕迹，笔者认为这与左氏（我们姑且这样来称呼《左传》的作者）处理史料的方式有关。左氏在编撰《左传》时，面对着的是各国的各类史册以及其他各种类型的历史资料，左氏一般是片断地摘取这些现成的材料，然后把它们按时间顺序编排连缀起来。左氏自己，可能做了一些文字上的加工，但没有进行多少创作。也就是说，《左传》其实是"编"出来的，而不是"作"出来的。左氏既然是要解经，在写作的过程中免不了要加进一些解经的话，但记事的部分既然多是采取的现成材料，解经语安插在了固有的叙事中间，往往就会显得与记事文字不相协调，给人以割断文气、强行嵌入的感觉。前面提到的皮锡瑞指出的"郑伯克段于鄢"一段叙事中似乎硬塞进一段解经的话，就可以这样来解释。[①]

在今天的学者中间，关于《左传》是怎样成书的、《左传》是否从一开始就是解经的著作等问题，还没有完全解决，探索还在继续。相信通过学者的不断努力，对《左传》的认识会越来越接近历史的实际。

---

① 参阅赵伯雄：《左传无经之传考》，《文史》1999 年第 4 辑。

第十章 《春秋》《左传》的版本源流

在产生《春秋》《左传》的那个时代，书的样式与今日所见的大不相同。那时的"书"，主要的还是以简册为主。所以严格地说起来，那时候还不存在什么版本问题。不过由于简册形式的书是中国古书的源头，要说明《春秋》《左传》在后世的版本形态，总还是要从这个源头说起。

第一节 简帛时代的史书

中国古人使用简册的历史非常悠久，大约在商代，人们就已经用简册来作为文字书写的载体了（帛书出现在什么时代，尚无定论，考古所见最早的帛书是战国早期的）。《尚书》上说："惟殷先人，有册有典"，意思是说，商人的祖先就已经在使用典册。现代学者普遍认为，《尚书》的这句话表明，商代已经有了文献档案，这些文献档案是写在了竹木简上的，只是因为年代久远，这些文献都没有能保存下来。《春秋》原本是鲁国的史册，《左传》大体上成书于战国时期，那个时候，书的形制，仍然是以简册、帛书为主。特别是简册，应该是当时"书"的主流形式。杜预在他的《春秋经传集解序》里说，古时的史官记事，"大事书之于策，小事简牍而已"。据前人的注解，"策"与"册"是通用的，策就是简，单支的称为"简"，编连在一起就是"册"。"牍"则是用来写字的方形的木板。按杜预的这种说法，好像当年的史官还专门把大事、小事区分开来，分别记在了"简"和"牍"之上。究竟是不是这么回事，目前也还很难证实。不过古代史官记事使用简册，应该是不错的。据说齐国的崔杼杀了国君，太史兄弟俩坚持要在史册上写下"崔杼弑其君"几个字，结果都被崔杼杀掉了。另外一个史官南史氏听说太史兄弟都已被害，于是慨然以接续史职自任，"执简以往"（襄公二十五年），一定要在史册上写下这一笔。最终崔杼慑于史官的勇气，也只好听任他们如实记录。这句"执简以往"，活脱脱再现了当年史官怀抱简册赶往都城赴任的浩然正气，也为史官记事使用简册提供了旁证。前面提到过，西晋太康年间，在汲县曾出土过一批竹简，其中有一部战国时魏国的史书，由于编年记事，被人们命名为"竹书纪年"。据亲眼见过这批竹简的杜预说，这部《竹书纪年》的写法、体例与《春秋》极为相似。可以想见，当年《春秋》《左传》的物质载体，也就是这个样子的。最近几十年来，先秦至秦汉间的简帛文献出土很多，其中有不少属于古书，这些古书中，有的是属于今日尚存于世的，有的则是前所未见的佚籍。但是到今天为止，还没有发现载有《春秋》《左传》（哪怕是片断文字）的简帛出土。不过，与《左传》内容、形式相近的书，在考古发掘中倒是曾被发现。1973 年，湖南长沙马王堆出土了一批帛书，引起了轰动。这批帛书里，有一种内容有点类似《左传》的东西，被命名为"春秋事语"。这部帛书是汉初或更早一些的人抄写的，应该是一部战国时代的作品。经过初步的整理，发现这部《春秋事语》一共 16 章，能够辨认的大约有两千余字。这是一部记载春秋时期史事和言论的书，所记史事大多与《左传》相合，故有的学者认为，《春秋事语》是与《左传》同一系统的，是抄撮《左传》、把《左传》中的事迹简括归并而成的，或者说是《左传》的一种更简明的读本。不过也有的学者认为此书与《左传》没有什么关系，虽然所记的事情跟《左传》大致相同，那可能是因为有相同的材料来源，《春秋事语》似乎更注重记载言论，应该是《左传》之外的另一部古书。这部书的性质究竟怎样，当然还可以做进一步的研究；联想到汉人说过的在孔子老宅墙壁里发现有《左传》，至少可以说明，《左传》或者类似《左传》的记载春秋史事的古籍，在汉代都是以简帛的形式流传的。

第二节　石经出现了

汉武帝独尊儒术之后，儒学成了显学，阅读经典的人增多了。在简帛时代，阅读全凭抄写，整部的经典，在抄写的过程中，出现这样那样的错误，实难避免。再加上那个时代，汉字的使用还不统一，也不存在什么规范，抄书人往往用字随意，因此同一部经典，抄本之间文字多有歧异，这当然会影响到对经义的理解和发挥。到了东汉末期，已经有学者意识到问题的严重性了。汉灵帝是历史上一个出了名的无能君主，他在位的时候，宦官、外戚交替专权，朝政一片混乱，国势日衰；但就是这样一位昏君，却也完成过一件颇有意义的大事。东汉晚期的儒学，受政治腐败的影响，也沾染了浮躁庸俗的风气，史书上说，那时的太学生已增至三万人，"多以浮华相尚"。学者追求的，不外乎是要将自己所学的经典立于学官，为此各个家派之间争斗十分激烈。当时有一位很有见识的大学者，叫蔡邕，看到了经典文本存在着的混乱状况，认为亟须加以校正、统一，于是就向皇帝上奏，要求"正定六经文字"。灵帝准奏，并将此事交给蔡邕去主持。于是蔡邕选定了六种经典：《周易》、《尚书》、《鲁诗》、《仪礼》、《春秋》（带有《公羊传》）、《论语》，他自己亲自书写（就是所谓"书丹于碑"），然后找来工匠镌刻。这六种经典共 20 余万字，刻了 46 块石碑，这些石碑都立在了洛阳太学的门外，被称为"石经"（见图二十、二十一）。这个工作持续了八九年，由于创始于灵帝的熹平四年（175），所以也称"熹平石经"。熹平石经是用当时通行的隶书书写的，蔡邕的书法，也很为人称道。石经的树立，无疑应该算是那个时代一项规模巨大的文化工程。文字刻于石碑，是不容轻易改动的，这样一来，算是有了政府认定的六经的标准文本。当时四方的读书人，纷纷赶到洛阳来，用这些石经来校正自己所使用的六经读本。据说太学门外立了石经以后，每天都有人来读碑、摹写，人来车往，热闹非凡，道路常常为之堵塞。

　　熹平石经里的《春秋》一经，除了经文之外，还刻有《公羊传》，这是因为东汉只有《公羊传》立于学官，《左传》不立于学官，所以石经里没有刻《左传》。前面提到过，汉代的公羊学，是分为严、颜两家的，蔡邕立石的时候，是以严氏为本的。当时各种经典，都分有不同的家派，蔡邕只能选定一家为主，例如《诗》有齐、鲁、韩三家，蔡邕以《鲁诗》为主，其他家派的文字若有不同，就将异字附书于后面，类似今天的校勘记一般。具体到《春秋公羊传》来说，蔡邕采用的是严氏的底本，而将颜氏之本与严氏不同的地方，都以校勘记的形式附于正文之后。这种做法非常严谨，具有很高的学术价值。

　　曹魏时期，又有一次刻石经之举。此次刻经，只刻了两种，一种是《尚书》，一种是《春秋》。这个时候，古文经学已经占了上风，所刻《春秋》应该是《左传》学者所用的《春秋》经文，而不再是公羊学派的《春秋》经文了。这次刻经还有一个特点，就是经文的每一个字都用三种字体来刻，即汉隶、小篆和古文，故人们称之为"三体石经"。汉隶是当时通行的字体；小篆是秦时的文字；所谓古文，其实就是战国时的六国文字，在汉代能够识读的人已经不多了。这部石经立于曹魏的正始二年（241），所以也称"正始石经"。正始石经刻成之后，与熹平石经一起，都立于洛阳太学的门外。

这两部石经虽然都有很高的价值，可是命运却不怎么样。熹平石经立石七八年以后，赶上了董卓之乱。公元 190 年，董卓强迁汉帝于长安，放火将洛阳的宫殿建筑烧毁，太学也被夷为平地，这是石经遭受破坏之始。南北朝时，北方战乱频仍，洛阳的石经历经劫难。据《魏书》记载，北魏时，就有人用三体石经作为建筑僧舍的石材。东魏时，曾将汉魏石经从洛阳迁往邺都，据说"行至河阳，值岸崩，遂没于水"，结果运到邺都时，顶多也就剩下一半了。隋朝建都长安，又从邺都运往长安，石经漫漶磨灭得很厉害，本来是说要加以补缉的，但不久发生动乱，也就无人再顾及于此，对那些仅存的石碑，时人也不知爱惜，当时的营造司竟用石碑做建房的基石。唐太宗时，魏徵曾收集残存的石经，此时已所剩无几了。

唐朝是一个统一的王朝，统一经典的文本以及经义，对于朝廷来说，是很迫切的事情。前面说过，大儒颜师古、孔颖达等都曾奉诏做过此类工作。为了使经典的标准文本被更多的士人遵奉，唐代也刻有石经，即"唐石经"。这部石经始刻于唐文宗大和四年（830）（一说始刻于 833 年），大约用了七年的时间，于开成二年（837）刻成，所以也称"开成石经"。开成石经包括了 12 部经典，即《周易》《尚书》《诗经》《周礼》《仪礼》《礼记》《春秋左氏传》《春秋公羊传》《春秋谷梁传》《论语》《孝经》《尔雅》（康熙年间补刻了《孟子》，成了"十三经"），在这里，《春秋》的三传都已齐备。开成石经一共有 65 万多字，都是用正楷书写上石的，笔画清晰，一丝不苟。这部石经给当时的读书人解决了大问题，因为唐朝时书籍的传播，仍然采取传抄的方式，而在传抄当中，很难避免不发生讹误与混乱。这不仅让莘莘学子苦恼，也令阅卷的考官们头疼。如今有了石经，等于确立了朝廷认可的经典标准本，这对掌控科举、统一意识形态，起的作用非同小可。值得庆幸的是，这部石经完整地保留了下来，只是当初立于国子监，后来改迁于新址，就是今天西安的碑林。直至今日，我们参观碑林，还能看到这部 1300 多年前的石经。（见图二十三）2014 年，文物出版社、西安碑林博物馆等单位以民国时期的精拓本为底本，将全部开成石经按照原大影印出版，从此这部"世界上最重的书"就更便于人们利用了。

第三节　手抄本的《春秋》经传

在刻板印书技术出现以前，人们读书，都是用"手抄本"的，《春秋》《左传》自然也不例外。那时可能已有职业的抄手，他们以抄书为谋生的手段，抄的书自己未必读的。当然也有的书是读书人自己抄的，你要跟着某位老师学习，那么好，先把要读的书抄下来。《春秋》《左传》加在一起，有 19 万多字，再加上注解，抄一遍下来，可不是一件轻松的事。那时抄书，大概已有了一定的格式，正文用大一些的字，注文则用双行小字置于要出注的文字下面，而且一般都用工楷，抄得工工整整。在 20 世纪初发现的敦煌文献中，还可以看到保留至今的若干《春秋》经传的抄本，有南北朝、隋唐时代人抄的《春秋左传集解》《春秋谷梁传集解》等，虽然都是些残页，有的只有几行、几十行，但还是能够看出当时手抄本书的大致面貌。《第二批国家珍贵古籍名录图录》中有编号为 02539 的《春秋谷梁传集解》，今藏于国家图书馆，这就是一部卷轴装的抄本残页。据《图录》上的标注，此本仅存 32 行，每行 14 字，范宁的注用双行小字，小字则每行 20 字。此页的内容，是《谷梁传》的桓公十八年，而卷末明标"春秋谷梁传桓公第二"，可见此时的《春秋谷梁传集解》是按照鲁公来分卷的，全书应该是 12 卷。有意思的是，此本末尾有题记，写着"凡大小字六千六百五十言"，"龙朔三年三月十八日，皇甫智岌写，用纸十九张"（见图二十四甲、乙）。龙朔是唐高宗的年号，这位皇甫智岌，猜想可能是一个职业抄手，所以他在卷末要清清楚楚记录下所抄文本的字数和用纸量。据现代学者研究，敦煌文献中《春秋》类的残卷大约有几十件，其中最多的是杜预的《春秋经传集解》，有二十余件，可见那时杜预的《左传》注确很流行。还有一些是《左传》的节本，据说是用来做学童的课本的。孔颖达的《正义》也发现了一件。而《公羊传》在敦煌遗书中则一点踪迹也看不到。敦煌遗书的时代大致是从六朝到唐朝，此时《春秋》学的主流是《左传》学，看来偏远如敦煌地区，人们的好尚与中原也差不多，所以《公》《谷》罕见或不见，是很正常的。[1] 想象着当年的读书人或者抄书人，为了得到一本书，孜孜矻矻，埋头抄写，不知付出了多少精力！在他们的笔下，又不知产生过多少部长篇短帙，使中国数千年的文化得以延续与传承。而时至今日，这些数不清的手抄本书籍，早已湮没于历史长河之中，只有那无意间留下的片

---

[1] 本节关于敦煌文献的内容，采自许建平：《敦煌经籍叙录》，中华书局，2006 年。

纸只字，由于偶然的机遇，被人保存，又被后人发现，后来竟被视同拱璧，庋藏于各大博物馆、图书馆之中，供人赏鉴研究。当年抄书的人，恐怕很难想象，千百年后，会有人从他们的笔墨之间，去探求那或隐或显的历史信息。每思及此，真不免令人感慨系之！

第四节　《春秋左传》各种类型的刻本

大约到五代、北宋时期，刻板印刷的技术已经应用到儒家经典书籍上了。宋初几十年，刻板印书有很大的发展。这当然是一种文化上的巨大进步，它极大地改变了经典传播的方式。以前全凭抄写，士人获取图书是很艰难的。现在由于有了刻板印书技术，士人得书容易得多了，而且这些书不再用手工抄写，避免了很多可能出现的错误，经典的标准本很容易得到普及。据史书记载，五代后唐时期，曾刻九经印板，当时刻经的底本，就是我们前面提到过的开成石经。这应该是经典的最早的刻本了。

从晋代杜预开始，《春秋》的经文就与《左传》的传文配合在一起了，每一年之下，都是先经文，后传文，宋代的刻本，也都是这种形式。最流行的，也是杜预的《春秋经传集解》。这种刻本是用大字刻经文、传文，而用双行小字刻杜预的注文。《第一批国家珍贵古籍名录图录》第二册著录的编号为00284的《春秋经传集解》，就是一个南宋的刻本。这个本子的形制，可以作为《春秋左传》刻本的代表（见图十六）。我们看这个书影，大字是《春秋左传》的正文，双行小字除了杜预的注文，还包括陆德明《经典释文》中的《春秋左氏音义》。陆德明是隋唐间的大儒，《经典释文》三十卷是他的传世之作。这是一部为各种经典注音、释义的训诂书，分为《周易音义》《尚书音义》《春秋左氏音义》《春秋公羊音义》《春秋谷梁音义》等等。这部书以注音为主，兼及释义。陆德明广泛搜集了汉魏六朝的著作二百多种，加以他的学问十分渊博，故《经典释文》在当时可谓是集大成的著作，对阅读、学习经典的人很有帮助。宋人刻杜预的《春秋经传集解》时，往往都是将陆德明《春秋左氏音义》拆散，分别放在了所注解的字的下方，而且出注的字都加上了一个圆圈，很醒目，这样做显然是为了方便读者的阅读。从图十六的书影来看，《左传》开篇"惠公元妃孟子，孟子卒，继室以声子，生隐公"几句话，其中的"妃"字以及杜注中的"適""谥""姪""娣""娶""媵"几个字，都加了圆圈，并且用反切法注了音，这些都是取自《经典释文》的。

　　孔颖达的《春秋左氏传正义》也有刻本，有单独刻《正义》的，称为单疏本；也有将孔颖达的《正义》跟杜预的《集解》合刻在一起的，这样就出现了注疏本。《第一批国家珍贵古籍名录图录》中编号为00288的《春秋左传正义》，就是宋代刊刻的注疏本（见图一）。这种注疏本由于将杜预的"注"与孔颖达的"疏"合刻在了一起（凡孔疏的前面都冠以"正义曰"字样，以示区别），很便于学者的阅读，明清时代士人读《左传》的，很多人都用这种注疏本，故注疏本（带有陆德明《经典释文》）甚为流行。据清代学者阮元说，他所见到的宋代注疏本，以南宋十行本为最早。此后由元入明，不断有人对这个本子进行修补，直到明代正德年间，书板尚存。后来明朝人以此版为祖本，多次翻刻，嘉靖年间有闽版，就是根据十行本重刻的。明代国子监也刻此书，被称为明监版，是万历中据上述闽本重刻的。又有汲古阁毛氏版，是崇祯中用明监本重刻的。在阮元的时代，社会上流通的，主要是这个汲古阁毛氏本。毛氏指明末常熟人毛晋，他是一位著名的藏书家、刻书家，汲古阁是他家的藏书楼，毛氏家藏多宋元珍稀版本。毛晋一生刻书甚多，涉及经史子集各类，据说有 600 多种，其中不少是丛书，《十三经注疏》就是其中的一种。毛氏刻的书，版心多印有"汲古阁"字样，所以被称为"汲古阁本"。汲古阁本大多纸墨精好，很为时人所重。不过据阮元说，十三经在明代"辗转翻刻，谬误百出"，毛氏本并没有经过认真的校勘，所以存在不少错误。阮元家也富有藏书，其中就有宋十行本的十一经，另有北宋本的《尔雅》《仪礼》，这样宋版的十三经就都齐备了。阮元曾据家藏的宋版书，作《十三经注疏校勘记》。嘉庆二十一年（1816），阮元在江西巡抚任上，组织了一批学者，对宋版《十三经注疏》详加校勘后重刻，并将所作《校勘记》附于每卷之后，这就是人们所熟悉的阮刻《十三经注疏》。这个阮刻本由于底本可靠，校勘精审，成了此后最为通行的本子，直到现在，学者读十三经，还是多取阮刻本。当然，今天我们读《春秋左传》，又有了一些现代学者如杨伯峻等所撰的新注本可资利用，但如果要论线装古籍，今天最常用的，也是这个附有校勘记的阮刻《十三经注疏》本。好在中华书局已将阮刻《十三经注疏》影印出版，读者阅读此书已十分方便。20 世纪末，北京大学出版社又出版了《十三经注疏》的标点本，也是根据阮刻本整理的。

《中国珍贵典籍史话丛书》已出版书目

序号	书名	著者	定价	出版时间	条码
1	打开西夏文字之门	聂鸿音 著	48.00	2014 年 7 月	ISBN 978-7-5013-5276-0
2	《文苑英华》史话	李致忠 著	52.00	2014 年 9 月	ISBN 978-7-5013-5273-9
3	敦煌遗珍	林世田 杨学勇 刘 波 著	58.00	2014 年 9 月	ISBN 978-7-5013-5274-6
4	康熙朝《皇舆全览图》	白鸿叶 李孝聪 著	45.00	2014 年 9 月	ISBN 978-7-5013-5351-4
5	慷慨悲壮的江湖传奇	张国风 著	52.00	2014 年 10 月	ISBN 978-7-5013-5442-9
6	《太平广记》史话	张国风 著	48.00	2015 年 1 月	ISBN 978-7-5013-5484-9

7	《永乐大典》史话	张忱石　著	48.00	2015 年 1 月	ISBN 978-7-5013-5493-1
8	《玉台新咏》史话	刘跃进原著 马燕鑫订补	53.00	2015 年 1 月	ISBN 978-7-5013-5530-3
9	《史记》史话	张大可　著	52.00	2015 年 6 月	ISBN 978-7-5013-5587-7
10	西夏文珍贵典籍史话	史金波　著	55.00	2015 年 9 月	ISBN 978-7-5013-5647-8
11	《金刚经》史话	全根先 林世田　著	38.00	2016 年 6 月	ISBN 978-7-5013-5803-8
12	《太平御览》史话	周生杰　著	45.00	2016 年 10 月	ISBN 978-7-5013-5874-8

国家图书馆出版社简介

国家图书馆出版社 1979 年成立，原名书目文献出版社，1996 年更名为北京图书馆出版社，2008 年改为现名。

本社是文化部主管、国家图书馆主办的中央级出版社。2009 年 8 月新闻出版总署首次经营性图书出版单位等级评估定为一级出版社，并授予"全国百佳图书出版单位"称号。2014 年被全国哲学社会科学规划办公室评定为"国家社科基金后期资助项目推荐申报出版机构"。

建社三十余年来，形成了两大专业出版特色：一是整理影印各种稀见历史文献；二是编辑出版图书馆学和信息管理科学著译作，出版各种书目索引等中文工具书。此外还编辑出版各种文史著作和传统文化普及读物。